T0046111

THE EVERYTHING® EASY LARGE-PRINT WORD SEARCH BOOK VOLUME 6

Dear Reader,

Calling all word search fans! If you enjoy a good word search puzzle, or know someone who does, then this is the book to get. We've printed these pages in large print. I think this makes the puzzles less tedious and more enjoyable for everyone. These mellow puzzles will engage your brain in a pleasant way. For me, solving word search puzzles is a nice diversion from the rest of the world.

I also love creating word search puzzles. It was a pleasure putting together this book for you. I gave each puzzle a theme and dreamed up the many different topics. Every grid has been loaded with lots of hidden words. Just because these puzzles are simple doesn't mean that you can find all of the words quickly!

It's easy to see why word search has so many fans. These puzzles are fun for everyone and a great way to exercise our brains. Happy searching!

Charles Timmerman

Welcome to the EVERYTHING® Series!

These handy, accessible books give you all you need to tackle a difficult project, gain a new hobby, comprehend a fascinating topic, prepare for an exam, or even brush up on something you learned back in school but have since forgotten.

You can choose to read an Everything® book from cover to cover or just pick out the information you want from our four useful boxes: e-questions, e-facts, e-alerts, and e-ssentials. We give you everything you need to know on the subject, but throw in a lot of fun stuff along the way, too.

We now have more than 400 Everything® books in print, spanning such wide-ranging categories as weddings, pregnancy, cooking, music instruction, foreign language, crafts, pets, New Age, and so much more. When you're done reading them all, you can finally say you know Everything®!

PUBLISHER Karen Cooper
MANAGING EDITOR, EVERYTHING® SERIES Lisa Laing
COPY CHIEF Casey Ebert
ASSISTANT PRODUCTION EDITOR Alex Guarco
ACQUISITIONS EDITOR Lisa Laing
EVERYTHING® SERIES COVER DESIGNER Erin Alexander

Visit the entire Everything® series at *www.everything.com*

THE EVERYTHING® EASY LARGE-PRINT WORD SEARCH BOOK

VOLUME 6

Easy-to-solve puzzles in large print

Charles Timmerman
Founder of Funster.com

Adams Media
New York London Toronto Sydney New Delhi

adamsmedia

Adams Media
An Imprint of Simon & Schuster, Inc.
100 Technology Center Drive
Stoughton, MA 02072

Copyright © 2015 by Simon & Schuster, Inc.

All rights reserved, including the right to reproduce this book or portions thereof in any form whatsoever. For information address Adams Media Subsidiary Rights Department, 1230 Avenue of the Americas, New York, NY 10020.

An Everything® Series Book.
Everything® and everything.com® are registered trademarks of Simon & Schuster, Inc.

ADAMS MEDIA and colophon are trademarks of Simon and Schuster.

For information about special discounts for bulk purchases, please contact Simon & Schuster Special Sales at 1-866-506-1949 or business@simonandschuster.com.

The Simon & Schuster Speakers Bureau can bring authors to your live event. For more information or to book an event contact the Simon & Schuster Speakers Bureau at 1-866-248-3049 or visit our website at www.simonspeakers.com.

Illustrations by Barry Littmann

Manufactured in the United States of America

7 2023

Library of Congress Cataloging-in-Publication Data has been applied for.

ISBN 978-1-4405-9237-9

Many of the designations used by manufacturers and sellers to distinguish their products are claimed as trademarks. Where those designations appear in this book and Simon & Schuster, Inc., was aware of a trademark claim, the designations have been printed with initial capital letters.

Dedicated to all of the word search fans out there.

Acknowledgments

I would like to thank each and every one of the more than half a million people who have visited my website, Funster.com, to play word games and puzzles. You have shown me how much fun puzzles can be and how addictive they can become!

It is a pleasure to acknowledge the folks at Adams Media who made this book possible. I particularly want to thank my editor, Lisa Laing, for so skillfully managing the many projects we have worked on together.

Contents

Introduction / 9

Puzzles / 11

Answers / 253

Introduction

The puzzles in this book are in the traditional word search format. Words in the list are hidden in the puzzle in any direction: up, down, forward, backward, or diagonal. The words are always found in a straight line, and letters are never skipped. Words can overlap. For example, the two letters at the end of the word "MAST" could be used as the start of the word "STERN." Only uppercased letters are used, and any spaces in an entry are removed. For example, "TROPICAL FISH" would be found in the puzzle as "TROPICALFISH." Apostrophes and hyphens are also omitted in the puzzles. Draw a circle around each word that you find. Then cross the word off the list so that you will always know which words remain to be found.

A favorite strategy is to look for the first letter in a word, then see if the second letter is in any of the neighboring letters, and so on until the word is found. Or instead of searching for the first letter in a word, it is sometimes easier to look for letters that stand out, like *Q*, *U*, *X*, and *Z*. Double letters in a word will also stand out and be easier to find. Another strategy is to simply scan each row, column, and diagonal looking for any words.

Puzzles

BEACHCOMBERS
BIVALVES
BRACHIOPOD
CALCIUM
CEPHALOPODS
CLAMS
COASTLINE
COLLECTIONS
CONCH
CORAL
CRAFTS
CRUSTACEAN
EXOSKELETON
FISH
GASTROPODS
HARD
HERMIT CRABS
INVERTEBRATE
LAND SNAILS
MARINE ORGANISM
NACRE
NECKLACE
OCEAN
OYSTER
PROTECTION
SAND DOLLAR
SEA
SHINY
SNAIL SHELLS
TIDES
WASHED UP

Finding Seashells

D G L A N D S N A I L S C T
M J S A N D D O L L A R S I
C S D O P O R T S A G Z N N
N A I U P U D E H S A W A V
P A L N E C A L K C E N I E
S R C C A N A E C O R A L R
N B O R I G L K T I D E S T
O R A T E U R S M A L C H E
I A S R E B M O C H C A E B
T C T T C C R X E H S T L R
C H L H F T T E C N H S L A
E I I A I A I I T O I U S T
L O N R S V R M O S N R E E
L P E D H L X C R N Y C A U
O O Y B I V A L V E S O H M
C D D S D O P O L A H P E C

Solution on Page 254

BEHAVIOR
CANDLES
CEREMONY
CHANTS
CHOICE
CLUB
COMMUNION
CONFIRMATION
CORONATION
CULTURAL
DAILY
DRINK
FAMILIAL
FOOD
FRATERNAL
GESTURES
GRADUATION
HABIT
HISTORY
MUSIC
OATH
PERSONAL
PRIVATE
RECITE
REPETITIVE
ROBE
ROUTINE
SACRAMENT
SACRIFICE
SUPERSTITION
TEST
TRADITION
VALUE
WEDDING
WINE

Ceremonial

D A I L Y N O M E R E C L C
E V S C O M M U N I O N A H
B A T U C I S U M N D N N I
O L N P P E A E F G D C O S
R U A H N E C I R L E A S T
N E H A S L R I E U T J R O
R O C B Y M A S F H T A E R
O E I I A B M R T I D S P Y
U C P T T G E E U I R O E K
T I I E A E N H T T T C O G
I O Z S T N T I A A L I A F
N H J T I I O W D V V U O S
E C L U B N T R I D I I C N
G R A D U A T I O N E O R T
F A M I L I A L V C E W R P
K N I R D F R A T E R N A L

Solution on Page 254

ABUNDANT
ADVANTAGEOUS
BANKABLE
BENEFICIAL
BOOMING
BUSINESS
CAPITAL
CAREER
DESIRABLE
EARNINGS
FORTUNE
FRUITFUL
GAIN
GOOD
HELPFUL
IDEA
INVESTMENT
JOB
MARKETING
MONEY
OFFER
OPPORTUNITY
PAY
POSITION
POTENTIAL
PROFIT
PROSPERITY
RAISE
RICH
SAVINGS
STRATEGY
SUCCESS
THRIVING
VALUABLE
WEALTH
WORK

Moneymaking

S Y G E T A R T S W G S P F
S G N I N R A E O N E A P O
E A I K A E C R I L Y O Y R
C I T V D F K M B R T T E T
C N E A N F O A E E I B N U
U B K L U O K E N N R E O N
S S R U B N R T U T E N M E
G S A A A A I T N R P E C L
N E M B C A R E C I S F A U
I N J L L O M I D C O I P F
V I O E P T E E S H R C I P
A S B P S R A I S E P I T L
S U O E G A T N A V D A A E
E B V O F R U I T F U L L H
M N O I T I S O P R O F I T
I D G N I V I R H T L A E W

Solution on Page 254

BACON
BAGELS
BIKING
BREAKFAST
BRUNCH
CARTOONS
COFFEE
CONVERSATION
DAY OFF
EGGS
FISHING
FOOTBALL
FUN
GARDENING
GOLF
GROCERIES
HYMN
LAKE
LAZY
LEISURE
LOVE
NEWSPAPER
ORANGE JUICE
PANCAKES
RELAX
RUNNING
SLEEP IN
SUNDAY BEST
SUNDAY PAPER
SUNDAY SCHOOL
SUNLIGHT
TOAST
TOGETHER
WEEKEND
WORSHIP
YARD WORK

Sunday Morning

S E K A C N A P I H S R O W
L S E R U S I E L T E F D S
E O U F O O T B A L L N U U
E S V N E W S P A P E R L N
P U T E D Y D X E K A L E L
I N O I T A S R E V N O C I
N D A F H E Y E A Q Q G I G
H A S I C E W B U Y A R U H
C Y T S A F K A E R B O J T
N S W H R F P Y D S J C E O
U C E I T O F E Z N T E G G
R H G N O C N O C A B R N E
B O G G O I N M Y H L I A T
K O S U N D A Y P A P E R H
F L O G S L E G A B D S O E
E F B I K I N G N I N N U R

Solution on Page 254

BAND
CINDERELLA
COTILLION
DANCE
DAPPER
DATE
DINNER
DRINK
EAT
ELEGANT
ENSEMBLE
ETIQUETTE
FANCY
FLOOR
FOOD
FRIENDS
GOWN
GRACEFUL
INAUGURAL
INVITATION
LAUGHTER
MANSION
MASKS
MUSIC
NIGHT
OPERA
ORCHESTRA
PAIRS
PARTY
PIANO
POLKA
PUNCH
QUINTET
SOCIAL
STRINGS
TANGO
TUXEDO
TWIRL
VALET
WALTZ

Having a Ball

S R J S L A U G H T E R W B
S T H G I N R Q T T E L A V
R E N N I D D A I P P N L D
I K N I R D N Q P E D N T O
A L A R U G U A N I O O Z O
P S A T O E D S D N E I R F
S O L S T T E Q J O C S O E
P C L T W M L U M I N N O T
O I E I B X R I A L A A L A
D A R L G O W N S L D M F D
E L E G A N T T K I T Y K S
X W D O R C H E S T R A O P
U I N V I T A T I O N P E O
T C I S U M G R A C E F U L
M Y C N A F Y Y T R A P R K
V C H C N U P I A N O G Q A

Solution on Page 255

AERIAL
AMUSEMENT PARK
BULL WHEEL
CABLE
CAPACITY
CARRY
CHAIR
CIRCULATING
ELECTRIC
ELEVATED
GEARBOX
HELP
HIGH
HILL
LIFT
LODGE
LOOP
MOTOR
MOUNTAIN
MOVEMENT
OPERATOR
PASSENGER
RAIL
RESORT
RIDE
ROPE
SAFETY BAR
SEAT
SIT
SKI
SLOW
SNOW
STEEL
TERMINAL
TICKET
TOURIST
TOWER
TRANSPORT
WINTER
WIRE

Chairlifts

K W I R E W O T E K C I T R
T R A N S P O R T V G Y O E
E H A F J U R E S O R T C T
R I U P R O G Y B K A I M N
M G N I T A L U C R I C C I
I H S O L N L Z E A L A S W
N T M O S L E P X M B P A O
A C O B W E O M O L M A F L
L P I H I L L U E M X C E S
Z A E R E G N E S S A P T I
P E I T T T E T V C U L Y T
L G W R A C E A F A A M B M
E D O I E E E X R I T R A S
H O N A L A S L H B L E R E
V L S H T N E M E V O M D Y
F H P C E D I R O P E X G V

Solution on Page 255

ACADEMIC
ADVANCE
ALDO NADI
ARMED COMBAT
ATTACK
BAYONETS
BLADE
BLUDGEONING
CLASSICAL
COMPETITIVE
EUROPEAN
FOIL
FOOTWORK
GLOVE
GRIP
HILT
HISTORICAL
JACKET
JURY
LUNGE
MANIPULATED
MASK
OLYMPICS
PLASTRON
PROTECTION
SABRE
SPADROON
SPORT
STABBING
SWORDPLAY
SWORDSMANSHIP
TOURNAMENT
WEAPONS

Fencing Competition

J S T E N O Y A B J U R Y L
A F N O O R D A P S A B R E
C O E N O I T C E T O R P E
K I M B L U D G E O N I N G
E L A C I R O T S I H T D N
T A N H K U K N E S E E G U
Y C R I W C O C N A V U N L
A I U L A P N A C I O R I M
L S O T A A M A T K L O B I
P S T E V S D I N S G P B D
D A W D D E T B L A D E A A
R L A R M E D C O M B A T N
O C O I P L A S T R O N S O
W W C M A N I P U L A T E D
S F O O T W O R K P I R G L
S C I P M Y L O S P O R T A

Solution on Page 255

ADVANTAGE
AGENDA
AGREEMENT
BARGAIN
BID
BUSINESS
CHAT
COLLABORATE
COLLECTIVE
COMPETE
COMPROMISE
CONCILIATION
CONFER
COOPERATE
DEAL
DECISIONS
DIALOGUE
DISCUSS
DISPUTE
DRAFT
FACILITATOR
FINANCE
GOAL
LEVERAGE
MEETING
OUTCOME
PARTIES
PAYMENT
REPRESENT
SETTLE
SOLUTION
TALK
TERMS
TRADE
UNION

Negotiations

K C S E N I A G R A B T T E
P O D E C T R A D E A N P G
A O A U T N T V S G E E A A
R P R G I T A O E M V S Y R
T E L O A N L N E R I E M E
I R T L T U D E I D T R E V
E A K A T A R E E F C P N E
S T G I R G T C A B E E T L
S E O D A O I I U L L R F G
U N I O N S B S L L L G A N
C O N C I L I A T I O N R I
S L A O G N B W L A C Y D T
I D N R E F N O C L H A R E
D S E S I M O R P M O C F E
I Y S M R E T E P M O C X M
B D I S P U T E M O C T U O

Solution on Page 255

BERRY
BIRD
BLANKET
BLUE JAY
BLUEBELL
BLUEBONNET
BOOK
BUTTERFLY
CAR
CLOTHES
COOKIE MONSTER
CRAYON
EYE
FISH
FLAG
FLOWER
HYDRANGEA
ICE
INK
JEANS
LAKE
MARKER
MOOD
NAVY
OCEAN
PANTS
PEN
POND
POOL
SADNESS
SAPPHIRE
SHIRT
SKY
SMURF
SOCKS
SUEDE SHOES
UNIFORM
VELVET
WATER
WHALE

Often Blue

D S E H T O L C T B N L P F
L L D C R A Y O N L E S K L
Y V A N A E C O Y U U B B A
T L P O O L A K E E T L O G
Q Y A J S P S I D B U U O H
H O L M A R K E R E P E K S
S S U F M E S M B L L J N H
I R A I R H G O R L E A L I
F R A P O E N N R O E Y M R
R V Y E P N T S A J F O E T
E E S N E H D T A R O I C G
T L W T C R I E U D D F N P
A V H O I Y R R E B N Y V U
W E A B L A N K E T R E H R
D T L Q S F V N P A N T S L
V D E C L Q Q I C S K C O S

Solution on Page 256

ALLOT
ASSETS
BALANCE
BANK
BARGAIN
BONDS
BUDGET
BULK
CAUTION
CHEAP
CLEARANCE
COINS
COMPANY
CONSERVE
COUPON
DEPOSIT
EXPENSES
FINANCES
FRUGAL
HAGGLE
INCOME
INTEREST
INVEST
IRA
LAYAWAY
MONITOR
PERCENT
PLAN
PREPARE
PRUDENT
REBATE
RECEIPTS
REWARDS
SALE
SAVING
SCRIMPING
STATEMENT
STOCK
THRIFTY
USED

Money Management

B A R G A I N B A N K L U B
U P E R C E N T H R I F T Y
D G C B O N D S N I O C J F
G N E A E U C H E T A B E R
E I I L V Z L A Y A W A Y U
T V P A R W C O U P O N W G
C A T N E M E T A T S F A A
P S S C S C R I M P I N G L
R T A E N E N T U N D O Y R
U O K C O T S A A E S H N E
D L T I C E A N R R A A A W
E L R I R C C S E A L G P A
N A K E N E H N S P E G M R
T L T I S O P E D E X L O D
I N C O M E M S A R T E C S
I N V E S T N A L P U S E D

Solution on Page 256

AQUAMARINE
BANANA
BEACH
CANOES
CLIMATE
COCONUT
CORAL
DOLPHIN
DRINKS
FISH
FLOWER
FOOD
FUN
HEAT
HUMID
HURRICANE
ISLAND
LAGOON
LOTION
MAI TAI
MOSQUITO
PAPAYA
PARADISE
PINEAPPLE
REEF
REGGAE
RETREAT
SAILBOATS
SAND
SEASHELLS
SHARK
SNORKEL
SUN
SWIMMING
TANS
VACATION
WARM
WATER
WAVES
WEATHER

Tropical Escape

D C K L N O C G F E E R L D
S N R E T R E A T I G N R I
E S A F U N D N A L S I S M
V E H S N O R K E L N H W U
A A S E O N A C J K W P I H
W S T H C A E B S X A L M E
A H A Q O O T I U Q S O M A
T E N A C I R R U H A D I T
E L S E L P P A E N I P N M
R L U I A P M E O M L H G B
E S N P D A T O W A B F R A
G T A O R A G A G I O N E N
G Y O I M A R E H T A E W A
A F N I L M V A C A T I O N
E E L O T I O N P I S U L A
Z C O R A L S C R N S P F E

Solution on Page 256

AIRBORNE
AIRCRAFT
ALTITUDE
ATMOSPHERE
BASE JUMPING
CORD
DANGEROUS
DEATH
DEPLOY
DIVER
DROP ZONE
EQUIPMENT
EXTREME SPORT
FAST
FEAR
FIREFIGHTERS
FLIGHT
FLYING
FORMATION
GLIDE
HARNESS
HEIGHT
HELMET
HIGH
INSTRUCTOR
JUMPMASTER
LANDING
MILITARY
PACK
RECREATIONAL
RISK
SUIT
TRAINING
WEATHER
WIND

Skydiving

K C A P N O I T A M R O F P
H E L M E T R I S K E W D Y
M I L I T A R Y R S C T E O
T I U S I C L E U J R F A L
S S E N R A H O U O E I T P
A M I A N T R M P A A R H E
F N F D A E P S R F T E A D
G T I E G M E U E L I F I U
H N W N A M I Q X Y O I R T
G B A S E J U M P I N G B I
I D T R D I V E R N A H O T
H E T R P E D I L G L T R L
R X O M D R O P Z O N E N A
E C E A T M O S P H E R E U
D N I W R O T C U R T S N I
T H G I L F H E I G H T B R

Solution on Page 256

AWKWARD
BORED
BOUNCY
CLEVER
CURIOUS
DIFFICULT
FAMOUS
FAST
GENTLE
GLIMMERING
GOOEY
HARD
HUNGRY
INCANDESCENT
JOVIAL
KINDLY
LONG
LOVELY
LUXURIOUS
MAGNIFICENT
MISTY
MYSTERIOUS
NECESSARY
ORGANIC
PEACEFUL
PLUSH
POLITE
PURPLE
QUIET
READY
REWARDING
RITZY
SMELLY
SOFT
TASTY
TROUBLESOME
UNEQUALED

All Adjectives

H A R D K I N D L Y D A E R
U G R I T Z Y C Q U I E T X
N E T I L O P U R P L E U J
G N I R E M M I L G O O E Y
R T S U O I R E T S Y M M R
Y L L U X U R I O U S N A E
D E R O B T B S J Y E S G V
D I F F I C U L T C O Y N E
E B F A M O U S E F G L I L
L O P V I F A S T S N L F C
A U L R Y T S I M X O E I I
U N U P E A C E F U L M C N
Q C S D R A W K W A C S E A
E Y H Y T R E W A R D I N G
N I N C A N D E S C E N T R
U Y L E V O L A I V O J P O

Solution on Page 257

ACRYLIC
AERATE
AQUARIUM
BUBBLES
CICHLID
CLEANERS
CONDITIONER
COOLING
COVER
DECORATION
DEIONIZER
DISPLAY
EEL
FILTER
FISH
FRESH
FROGS
GLASS
GRAVEL
GUPPY
HEATER
LIGHTS
LOACH
MARBLES
MARINE
MOLLY
NETS
NITROGEN
PEBBLES
PUMPS
SALT
SEA HORSE
SHIP
STAND
STERILIZERS
TEMPERATURE
TEST KITS
TETRA
TURTLES
WATER

Aquarium Tanks

S E S R O H A E S D F I S H
T U R T L E S P E B B L E S
E D E C O R A T I O N Y L B
N W N P I H S E R F E S B U
G R A V E L T M E S G T R B
M T E T R A E P Z P O I A B
A E L V E W R E I M R K M L
R R C R O R I R N U T T U E
I E A D U C L A O P I S I S
N T C O N D I T I O N E R S
E L R S H I Z U E T E T A A
M I Y T C L E R D L J R U L
O F L A A H R E T A E H Q G
L J I N O C S D I S P L A Y
L J C D L I G H T S G O R F
Y P P U G C O O L I N G S T

Solution on Page 257

APPOINTMENT
BANK
BILLS
CAR
CHAUFFEURING
DELIVERY
DENTIST
DOCTOR
DOMESTICITY
DRIVING
DVD RETURNS
EXCURSION
GAS STATION
GIFTS
GROCERIES
JAUNT
LIST
LUNCH
MALL
MEETINGS
PARKING
PHARMACY
PICKUP
PRESCRIPTIONS
PURCHASE
SCHEDULE
SHOP
SNACK
STORE
SUPPLIES
TIME
TRANSPORTATION
TRIP
VETERINARIAN

Run Some Errands

G S C H E D U L E H C N U L
N A H D M E E T I N G S C E
I R A C O D D R I V I N G V
K N U G S M E A B I L L S A
R A F A E U E N E M I T P D
A I F S X F P S T S J P P E
P R E S C R I P T I O N S L
H A U T U G R O L I S Q N I
A N R A R R T R N I C T R V
R I I T S O B T U U E I U E
M R N I I C M A L L R S T R
A E G O O E E T N U A J E Y
C T I N N R P I C K U P R P
Y E F T O I D O C T O R D O
O V T T X E S N A C K S V H
S Y S U E S A H C R U P D S

Solution on Page 257

APPLAUSE
AUDIENCE
CELEBRITY
CEREMONIAL
CHAT
CHURCH
DEBATE
DICTION
DISCUSS
ELOCUTION
ELOQUENCE
EVENT
GESTURES
GUESTS
INFORM
INTRODUCE
LECTURE
LIGHTS
MATERIAL
MEETING
MEMORIZE
MOTIVATE
NOTES
PERSUADE
PLATFORM
POLITICS
PREPARE
REHEARSE
RHETORIC
SPEECH
STRUCTURED
TALK
TEACH
TICKET
TOPIC

Oratory

S E T O N R E H E A R S E O
P T M S T A L K Y T O P I C
R D R S D G E S T U R E S E
E H O U I K L M I H U E P R
P C F C C B O E R E M C L E
A R N S T T Q M B T O H A M
R U I I I P U O E A T P T O
E H L D O I E R L B I O F N
D C G A N N N I E E V L O I
A I N L I T C Z C D A I R A
U R I E T R E E G A T T M L
S O T C I O E A V U E I C I
R T E T C D I T C E E C H G
E E E U K U U O A H N S A H
P H M R E C L A C M Q T T T
H R E E T E S U A L P P A S

Solution on Page 257

ANIMALS
BATH
BLANKET
BOOTS
BREATH
CAT
CHOWDER
CIDER
COAT
COFFEE
COLORS
DINNER
DOWN
DUVET
FIRE
FLANNEL
FOOD
FURNACE
GLOVES
GRILL
HAT
HEAT
HOT TUB
JACKET
JACUZZI
MILK
MUG
PUPPY
QUILT
SAUNA
SHOWER
SLIPPERS
SOCKS
SOUP
SPRING
STOVE
SUMMER
SUNSHINE
TEA
WOOL

Nice and Warm

S I E F J G T L I U Q P C M
V A O U E G E E D J K L I M
A O U R Z N X T K U L S D O
D R I N N I C A S C V J E L
G F B A A R J O H T A E R B
L L L C A P T C L C O J T A
O F A E D S V G U O K V A V
V L N P G E U Z D F R F E W
E M K U R N Z F C F Y S H T
S R E P P I L S R E W O H S
O D T P C H O W D E R Q E S
C B U Y S S E C W Q N L L N
K O A T A N I M A L S N L W
S H O T T U B G K T A H I O
W O O L H S U M M E R H R D
B X X R Y M Y C P A Z T G N

Solution on Page 258

BROTHERS GRIMM
CHARACTERS
CHILDREN
CINDERELLA
DISNEY
DRAGONS
DWARFS
ENCHANTMENTS
FAIRY GODMOTHER
FANTASY
FICTIONAL
FOLKLORE
FROG
GIANTS
GNOME
HAPPY ENDING
HERO
IMAGINATION
KIDS
KING
LITERATURE
MAGICAL
MORAL
OGRE
PRINCESSES
RAPUNZEL
READING
ROMANTIC
SLEEPING BEAUTY
SNOW WHITE
SPELL
TOM THUMB

Fantastic Stories

R A P U N Z E L A C I G A M
N E R D L I H C S P E L L B
U D H Y W L A N O I T C I F
B R O T H E R S G R I M M O
M A E U O M M N O T H S N L
U G H A J M I O N S W F O K
H O M E D K D A N D W R I L
T N O B R I M O I G O A T O
M S R G A O N S G G N W A R
O Y A N R P N G I Y S D N E
T S L I T E R A T U R E I G
H A P P Y E N D I N G I G O
S T N E M T N A H C N E A R
D N S E S S E C N I R P M F
I A A L L E R E D N I C I O
K F U S R E T C A R A H C Z

Solution on Page 258

KAQY
KATN
KAWB
KAZD
KDMD
KDNL
KDRV
KFTC
KFVE
KITV
KJAC
KJCT
KJLA
KMEB
KMID
KMOT
KPIC
KPLC
KPMR
KSBI
KSCE
KSDK
KUCW
KUED
KWDK
KWET
KWHB
KWKB
KWMJ
KWOG
KWPL
KWSD
KWVB
KWWF
KWYB
KYAZ
KYIN
KYTV
KYUR
KYVE

TV Stations

D V Y N O A W Y Q T X B G J
Q T C Z B H B E Y C W M W F
V Y L B E L P W K J L A L U
P K P I C S C S K K E O J M
A U K J S A G T Z V I M F F
B E L U K D J H F A W T Q F
X D Z W Z A Y K K K D R V I
L S K K D T G W D R M P K I
Q B H I E E V M D S Q E E W
T C K W H B D R K F K R B X
X O K L C G Z T S W B W H Q
T M D Y N U A K B G D G O A
O T W H Q D K M I D K K B G
X R C B W A K O D Y W Y K Z
S D P G T H K T U S W V I I
W K Y N Q V B R D K F E H N

Solution on Page 258

BAKED
BEAR CLAW
BUTTER
CALZONE
CANNOLI
CHEF
COFFEE
CREAM
CROISSANT
CRUST
DANISH
EGGS
EMPANADA
FILLED
FLAKY
FLOUR
FRESH
FROZEN
FRUIT
HOT
ICING
ITALIAN
MACARON
MILK
MOIST
PHYLLO
PIE
ROLL
SAMOSA
SAVORY
SHELF
STREUSEL
STRUDEL
SUGAR
SWEET
TART
TASTY
TOASTER PASTRY
TORTE
TURNOVER

Pastry Chef

T B C W Q C R E A M O I S T
E U S H O T L E S U E R T S
E T P F E F L E H S S O K U
W T F Y M F T C A S A L L R
S E U P P S A M O S I D H C
E R R R A N O N T M C N A B
D H U V N S B E A R C L A W
L E O O A O R K O I Z M T D
X R L M D P V I R O L L M F
Y I F L A Y S E N F I A I R
S O A S I S P E R Q C S T U
Z U T E A F Z E B A K E D I
R R G N L O S T R U D E L T
Y G T A R H O O L L Y H P R
S O K F R G N I C I A I R A
H Y T S A T O R T E E B K T

Solution on Page 258

ANNUAL
BARBEQUE
CAKE
CALL
CARD
CELEBRATE
CHERISH
CHILDREN
CUFF LINKS
DAD
DINNER
ELECTRONICS
ENCOURAGEMENT
FAMILY
FATHER
FISHING
FOOD
FUN
GENEROSITY
GOLF
GRANDPA
GREATNESS
GRILL
HELPER
HONOR
JUNE
KIDS
LUNCH
PARTY
PATERNAL
PIE
PLAY
REMEMBRANCE
RESPECT
RESTAURANT
SLEEP
SPORTS
TIE
TOOLS
TRIBUTE

Celebrating Father's Day

S T R O P S D I K E Z Q I K
N L K Y T I S O R E N E G L
F E L D O O F R J C N U F U
F I R L P A T E R N A L J N
T A S D A S U H P A R T Y C
C T N H L C I T G R I L L H
E A T D I I B A R B E Q U E
P P A N Z N H F A M I L Y R
S D V T A O G C I E K A C I
E N C O U R A G E M E N T S
R A A O G T U P R E P L E H
E R N L O C I A L R O N O H
N G N S L E E E T U B I R T
N C U F F L I N K S L E E P
I Y A L P E T A R B E L E C
D L L R S S E N T A E R G T

Solution on Page 259

ALUMINUM FOIL
BENCH
BOARD
BOOK
CARDS
COIN
CRACKER
DVD
FLOOR
GLASS
GROUND
HAIR
HORIZON
MAP
MIRROR
MONEY
MOUSE PAD
MUSIC
PAGE
PANCAKE
PAPER
PAVEMENT
PHOTO
PLATE
POSTER
RATE
ROAD
ROOF
RUG
SEAS
SOFT DRINK
SOLAR PANEL
STONE
SURFACE
TAX
TILE
TRAILER
TRAJECTORY
TUMMY
WINDOW

It's Flat

U W T U M M Y D A O R T L G
M L Z T Z E D N U O R G K J
K C I W N I O C R A M I Q H
E L S O F T D R I N K D A T
E P M D F I I L S S A L G H
R A T N E M E V A P T E Y S
Y N A I H R U W A M L N R T
L C X W D B E N C H A A O O
S A R V R F W C I H I P T N
C K D A P E S U O M S R C E
R E Z A C S T R U G U A E T
L F P I R K I S D H R L J A
P E S K O Z E D O R F O A R
R U O T O H P R J P A S R Y
M O A N L E G A P A C O T T
B R O O F X D C S A E S B A

Solution on Page 259

ACCOMPLISH
ACHIEVE
ADMIRED
ADVANCE
AFFLUENT
ATTAIN
AWARD
BEST
CHAMPION
COMPLETE
DEGREE
DOMINANT
EXPERT
FAMOUS
FAVORABLE
FORTUNATE
FRUITFUL
GRADUATION
HAPPY
HIRE
JOB
LUCKY
MONEY
NOTABLE
NOTEWORTHY
OPULENT
POWERFUL
PRESTIGE
RESPECTED
REWARDING
SECURE
SKILLED
TALENTED
THRIVING
WEALTHY
WIN

Accomplished

F A M O U S Y H T L A E W S
R G N I V I R H T S E B X K
U N O T A B L E E R G E D I
I J T R E P X E T Y K C U L
T O E L B A R O V A F D A L
F B W I N O I P M A H C Y E
U O O A P R E S P E C T E D
L G R A D U A T I O N O T E
U N T T F M I A M L S P E T
F I H T U F I P D E D U L N
R D Y A H N L R C V R L P E
E R E I P I A U E C A E M L
W A N N S P R T E D W N O A
O W O H A E Y E E N A T C T
P E M D O M I N A N T C A E
P R E S T I G E V E I H C A

Solution on Page 259

ALBINOS
ANGELS
BAKING SODA
BREAD
CHALK
CLOUD
COTTON
DEODORANT
DIAPERS
DOVE
DRESS
EGG
EYES
FLOUR
FUR
GHOST
KLEENEX
LILY
LINEN
LOTION
MARSHMALLOW
MILK
MOON
PAINT
PAPER
PEARLS
PIANO KEYS
PICKET FENCE
PILLOWS
RABBITS
RICE
SNOW
SOCKS
STYROFOAM
SUGAR
SWANS
TISSUE
TOWEL
UNDERWEAR
WALL

Often White

R U F Q O F V B A F L O U R
A M A R S H M A L L O W A E
E C N E F T E K C I P B E Y
W P P S N E N I L E B D U E
R D S A Y H L N G I E U S S
E L D U P E X G T O U L S R
D P I S G E K S D Z E A I S
N E A L N A R O J G L C T C
U A P E Y O R D N B E V S N
E R E C S A W A I A E V O D
S L R O N W N N D W I O H W
K S S T Y R O F O A M P G A
C O Z T F S I L S S E R D L
O D U O L C T K L I M R Q L
S W A N S Q O P A I N T B R
T O W E L K L A H C P V Q E

Solution on Page 259

ARC
ARTISTIC
ATHLETIC
ATOMIC
ATTIC
BASIC
CATHOLIC
CLASSIC
CUBIC
DRAMATIC
ECONOMIC
ELASTIC
ELECTRIC
EXOTIC
FABRIC
FRANTIC
GIGANTIC
HEROIC
HISTORIC
MAGIC
MAGNETIC
MAJESTIC
MECHANIC
METALLIC
MUSIC
PACIFIC
PANIC
PICNIC
PLASTIC
POETIC
PUBLIC
RHYTHMIC
SPECIFIC
STATIC
TERRIFIC
TOPIC
TRAFFIC
VOLCANIC
ZINC

C at End

A P H E R O I C I R B A F M
T A P L A S T I C A T C T A
O N A C I M H T Y H R E E J
M I C I R T C E L E R C C E
I C I B U C I E M R I I O S
C I F F A R T U I L T F N T
A T I M I I S F O A M R O I
T O C E C I I H M E M A M C
T X E T C C T A C C A N I I
I E P A K A R H I I G T C R
C C S L C D A T P N N I I O
I I C L M N S O H A E C S T
L T N I I A E R G C T I S S
B A I C L T G I V L I S A I
U T Z E I R G I L O C A L H
P S D C I P O T C V K B C Y

Solution on Page 260

BANKS
BUCK
CASH
COINS
COTTON
COUNTERFEIT
CURRENCY
DEBT
DENOMINATION
DOLLAR BILL
EAGLE
ECONOMY
ENGRAVING
EURO
EXCHANGE RATES
FEDERAL RESERVE
GOLD
GOVERNMENT
GREENBACK
INFLATION
JEFFERSON
LINCOLN
MINT
NOTE
ONE DOLLAR
PAPER MONEY
PRESIDENTS
SEAL
SINGLE
SPEND
TREASURY
UNITED STATES
USD
VALUE
VENDING MACHINES

The Buck Stops Here

Y	S	U	N	I	T	E	D	S	T	A	T	E	S
M	N	S	S	Z	G	R	E	E	N	B	A	C	K
O	I	D	E	N	O	M	I	N	A	T	I	O	N
N	O	I	T	A	L	F	N	I	E	T	O	N	A
O	C	C	A	S	H	U	S	H	Y	K	C	U	B
C	U	R	R	E	N	C	Y	C	O	T	T	O	N
E	O	N	E	D	O	L	L	A	R	B	I	L	L
N	S	U	G	Y	E	N	O	M	R	E	P	A	P
O	Y	E	N	T	J	E	L	G	N	I	S	G	Z
S	R	U	A	T	N	E	M	N	R	E	V	O	G
R	U	L	H	G	E	I	L	I	N	C	O	L	N
E	S	A	C	Q	L	R	M	D	E	B	T	D	D
F	A	V	X	A	U	E	F	N	P	U	B	Z	N
F	E	D	E	R	A	L	R	E	S	E	R	V	E
E	R	S	E	N	G	R	A	V	I	N	G	O	P
J	T	P	R	E	S	I	D	E	N	T	S	J	S

Solution on Page 260

AMPLIFIER
ANNOYING
BEATS
BOOM BOX
BOTHERSOME
CAR
CLAMOROUS
CLUB
COLLEGE
CONCERT
DANCE
DEAFENING
DECIBEL
DISCO
DRUMS
EARPLUGS
INDUSTRIAL
JAZZ
MARCHING BAND
MICROPHONE
NEIGHBORS
NOISE
OBNOXIOUS
OVERWHELMING
PARTY
POLICE
PULSING
RAP
RESOUNDING
ROCK
RUDE
TECHNO
UNPLEASANT
UNWELCOMED
UPROARIOUS
VOLUME

Noisy Music

E C N A D E M O C L E W N U
M J W E H R A L E B I C E D
I O C S I D R C O L L E G E
C Z Z A J G C T E C H N O A
R O V E R W H E L M I N G F
O G R U D E I B P P N A U E
P X E Z R G N E O A O M S N
H O S S U N G A L R I P U I
O B O U M I B T I T S L O N
N M U O S Y A S C Y E I I G
E O N R C O N C E R T F R C
M O D O I N D U S T R I A L
U B I M G N I S L U P E O U
L T N A S A E L P N U R R B
O L G L S G U L P R A E P T
V R O C K O B N O X I O U S

Solution on Page 260

APPRENTICE
ASSIST
CONFIDANT
COUNSELOR
DIRECT
DISCIPLE
DISCUSS
EDUCATOR
ELDER
EMPATHETIC
ENCOURAGE
EXPERT
FATHER
FOLLOW
FRIEND
GUIDE
IDOL
INSTRUCT
KNOWLEDGE
LEAD
MODEL
NURTURING
PATRON
PEER
PRACTICE
PROFESSOR
PROGRAMS
PUPIL
QUALIFIED
STUDENT
STYLE
SUCCESSFUL
SUPERVISOR
TRADITION
TUTOR

Guides

T C E R I D E T D N F L S R
N P T H E L C E U R U E S E
E A S R Y U I R I F J D C H
D T I T R F T E S E I I S T
U R S T I U N S G S T U S A
T O S L R D E A C C R G U F
S N A I S C R I A E E P C E
I U N W C U P R M G T R S D
Q G L U O L P P D R P O I U
E H S C E L A E A L E G D C
X X N D I T L D R L E R O A
P E O P H W I O D V R A L T
E M U E O T S E F I I M D O
R P T N I P R O F E S S O R
T I K O Y R O L E S N U O C
C O N F I D A N T U T O R R

Solution on Page 260

ANTIQUES
AUTOMOBILE
CAR
CHAMPAGNE
COLLEGE
COMPUTER
DEBT
DIAMOND
EARRINGS
EMERALDS
FURS
GAS
GEMS
GOLD
HELICOPTERS
HOMES
HOSPITALS
HOTELS
HOUSE
INSURANCE
JEWELRY
LIMO
LUXURY
MANSION
MINK
NECKLACE
PAINTINGS
PEARLS
PLANES
PLATINUM
PROPERTY
REAL ESTATE
ROLEX
SILVER
STEAK
TUITION
WATCHES
WEDDING
WINE
YACHT

Costly

Y A T E M E R A L D S S D W
R H U B N P R O P E R T Y I
U O I T G G J E W E L R Y N
X M T H O P A A T H O U S E
U E I C L M T P S B C F C E
L S O A D C O E M O E A W A
G L N Y H C U B M A L D E R
A E B E I Q P P I K H S D R
S T S L I E U N C L L C D I
C O E T A T S E L A E R I N
O H N R E U N S T E A K N G
L A L R R P A I N T I N G S
L S A A V M P L A T I N U M
E C N O I S N A M O M I L E
G C D N O M A I D F U R S G
E X K H S I L V E R O L E X

Solution on Page 261

AIM
BATTLE
BOMB
BREAK
BURST
BUST
CATCH
CHASE
DROP
FIGHT
FILL
FIRE
FRIENDLY
FUN
GAME
GRENADE
HID
HOSE
JOKE
KIDS
LATEX
LAUNCH
LIQUID
LOB
NOZZLE
OUTDOORS
PARTY
PLAY
POP
PRANK
ROUND
SOAK
SUMMER
SURPRISE
TARGET
THROW
TIE
TOY
WAR
WET

Water Balloon Fight

S W T S U B U R S T C K L Q
E V L D J F F U D E A I M L
R M D I O T R I G E S D F H
M T A K H P L I R B R A S W
E T E G R A T B E E O A H T
P E I I T P B S N N O M Z C
P F S E H C N U A L D E B N
A E X X G O P M D I T L L K
F Q J J Z Z T M E Q U T Y T
H X Z Z H T H E T U O T C R
S L L I F P R R I I Y A E T
T E D P S H O S E D T B K L
T B L O Q U W P D C R N O P
O A A R N H J T H Y A B J A
Y K W D A U E C X R P S J D
U Q C F D W F W P S W K F C

Solution on Page 261

BENEFIT
BIG SISTER
CALLING
CHARITY
CITIZEN
CLEAN
CLOTHES
COACH
DAY CARE
DEVOTED
DISASTERS
DONATE
DRIVING
ELECTIONS
ENERGY
ERRANDS
FOOD BANK
GOODS
GRATIFYING
HELP
KINDNESS
LIBRARY
LOCAL
MENTOR
MISSIONS
MUSEUM
PARKS
REWARDING
SATISFYING
SENIORS
SERVE
SKILLS
TIME
TUTORING
VOLUNTEER
YOUTH

Helping Out

P D E T Y R A R B I L K G H
R A R D I X C E E D L N C C
O T R I I M L T N A I A K C
T U A K V S E S E Y O G I Y
N T N F S I A I F C R S N T
E O D G O P N S I A P E D I
M R S O Z O I G T R L R N R
D I W O S T D I B E E V E A
E N S D A L F B C W R E S H
T G F S O Y Y T A E T S S C
O N N C I O I R T N S E R M
V I A N U O D A U E K H O U
E L G T N I N L P R I T I E
D L H S N O O S L G L O N S
F A W G D V B Q E Y L L E U
A C I T I Z E N H H S C S M

Solution on Page 261

BADGE
BAGS
BOOK
BRACELET
BROCHURE
CAP
CLOTHING
COLLECTABLES
CRAFTS
CUPS
CUTLERY
FIGURINE
FOAM FINGER
FOOD
GIFT
GLASS
HAT
JACKET
JEWELRY
LETTER OPENER
LUGGAGE TAG
MAGNET
MUG
NECKLACE
PENDANT
PLATE
PROGRAM
REMEMBER
SHELL
SHIRT
SNOW GLOBE
SPOON
STAMPS
STEIN
STUBS
THERMOS
TIE
TOY
TRAVEL
TRIP

Keepsakes

Y Y B A D G E R U H C O R B
M P R I V R E M E M B E R C
H A T L C R A F T S N Y K L
P M R U E J A C K E T O O O
Z E U G A W X P P L O F G T
P C T G O T E O A B O I E H
L U N A S R R J C A F L N I
L P A G L E P A M T E N E N
E S D E T P C F V C I B C G
H S N T J M I U A E O S K H
S A E A A N B R T L L D L S
P L P G G A B S G L O O A H
M G N E G U T W U O E C C I
A E R S P O O N F C N R E R
T I E W E N I R U G I F Y T
S T U B S O M R E H T R I P

Solution on Page 261

ARCS
ATOMS
AURORA
BEAUTY
BLUE
BRIGHT
BRILLIANT
CANADA
COLLISION
DAWN
DISPLAY
EARTH
EMISSIONS
ENERGY
EQUINOX
GLOW
GODDESS
HIGH LATITUDE
HUES
ILLUMINATE
LIGHT
MAGNETIC
MOON
NIGHT
NITROGEN
NORTH
OBSERVATION
OXYGEN
PARTICLES
PHENOMENA
PHOTONS
PLANETS
RED
RINGS
SCIENCE
SKY
SOLAR WIND
SPACE
STARS
TELESCOPE

Aurora Borealis

E X T H G I N S R A T S P B
D N G B E A U T Y E O W H C
U E O X Y G E N T X M O O N
T G D N I W R A L O S L T O
I O D W S G N I R N L G O I
T R E A E I B L N I S S N T
A T S D M R D L S U C T S A
L I S U I I Y I U Q I E T V
H N L G S K O R C E E N E R
G L H P S N N B I K N A L E
I T L A I P A R T I C L E S
H A H D O Y G R E N E P S B
Y T T A N E M O N E H P C O
D E R N S P L I G H T Z O K
J C O A U R O R A E C A P S
S T N C E A T O M S H U E S

Solution on Page 262

ABRAHAM
ADAM
ARISTOTLE
ARMSTRONG
BABE RUTH
BEETHOVEN
BETTY FORD
BRAD PITT
BRANDO
BUSH
CAESAR
CELINA
CHOPIN
CONAN
EDISON
EINSTEIN
ELTON
ELVIS
HEMINGWAY
JEFFERSON
KENNEDY
LINCOLN
MADONNA
MARIE CURIE
PRINCE
ROCKEFELLER
ROSA PARKS
SNOW WHITE
TIGER WOODS
TRUMAN
VAN GOGH
WALT DISNEY
WASHINGTON

Notable People

I L A E L T O T S I R A O C
H N Y D E N N E K S M N D H
T O J I A T V C R N A I N O
U T W S Z M A N A O H L A P
R G K O D R N I P W A E R I
E N X N N O G R A W R C B N
B I D T A C O P S H B W R O
A H R R N K G W O I A A A S
B S E U O E H R R T L L D R
S A L M C F V M C E R T P E
I W T A D E Y O A A G D I F
V W O N M L I T H D E I T F
L I N C O L N R T T O S T E
E I N S T E I N A E E N A J
A R M S T R O N G M B E N R
B U S H E M I N G W A Y B A

Solution on Page 262

ADULTS
ASSOCIATION
BASKETBALL
BODY
BOYS
BUILDING
CAMPING
CHILDREN
CLASSES
CLUB
COMMUNITY
DIRECTOR
EDUCATIONAL
EXERCISE
FAMILY
FITNESS
FUN
GIRLS
GROUP
HELP
JOIN
KIDS
LOCAL
MEMBERSHIP
MIND
MOVEMENT
ORGANIZATION
POOLS
PROGRAMS
SONG
SPIRIT
SUMMER CAMP
THE Y
VILLAGE PEOPLE
VOLUNTEER
YWCA

Visit the YMCA

S M T P I H S R E B M E M Y
L O C A L Y S E S S A L C W
O V S U M M E R C A M P N C
O E Y Y J C C L G D P O U A
P M X O O A U N I R I E F T
P E I E M B I R O T E P H J
U N K P R D E G A D G E V F
O T I P L C R Z U N Y G O A
R N O I T A I C O S S A L M
G U U O M N A S Y L S L U I
I B R S A T P L E H E L N L
R P P G I C O M M U N I T Y
L G R O D S P I R I T V E D
S O N E R D L I H C I Z E O
I A D U L T S D I K F P R B
L L A B T E K S A B M I N D

Solution on Page 262

AIRPORT
ALCATRAZ
BAY AREA
BRIDGES
CABLE CARS
CALIFORNIA
CHINATOWN
CITY
COIT TOWER
CULTURE
EARTHQUAKES
EXPENSIVE
FOGGY
GAY RIGHTS
GIANTS
GOLD RUSH
HILLY
OAKLAND
OCEAN BEACH
PACIFIC OCEAN
TECHNOLOGY
THE CASTRO
TRANSAMERICA
TRANSPORTATION
UNION SQUARE
UNITED STATES
WATER
WEST COAST

Around San Francisco

N O I T A T R O P S N A R T
W Y A C I R E M A S N A R T
O L H K N T H E C A S T R O
T L S S R S T D I H T A Z R
A I U E O E R N F W N E A E
N H R K F G O A I A A R R W
I C D A I D P L C T I A T O
H A L U L I R K O E G Y A T
C E O Q A R I A C R L A C T
C B G H C B A O E S S B L I
U N I T E D S T A T E S A O
L A E R A U Q S N O I N U C
T E G A Y R I G H T S H R I
U C T E C H N O L O G Y T T
R O I X W E S T C O A S T Y
E X P E N S I V E Y G G O F

Solution on Page 262

APPLIANCES
ATV
BILLIARDS
CAR
COMPUTER
DARTS
ELECTRONICS
FIGURINE
FUN
GADGET
GAMES
GIZMO
GOLF CLUBS
GRILL
GUITAR
HDTV
HELICOPTER
HOT TUB
HOVERCRAFT
KAYAK
LAPTOP
LASERS
MODELS
PARACHUTE
PORSCHE
PUTTING GREEN
ROBOTICS
SAUNA
SCOOTER
SCUBA TANK
SKIS
SNOWMOBILE
SUBMARINE
TECHNOLOGY
TELEVISION
TRUCK

S N A L A S E R S L E D O M
T T E C H N O L O G Y D R S
B I L L I A R D S L D A E E
P B E T U H C A R A P T T M
G U C P O M Z I G P E E P A
R T T O K S B U L C F L O G
I T R T R A T I U G U E C P
L O O P I K A Y A K N V I R
L H N A S N O W M O B I L E
E T I L C A G D A R T S E T
H R C E L T E G D A G I H U
C U S T F A R C R E V O H P
S C I T O B O R Z E A N D M
R K F I G U R I N E E T T O
O S K I S C O O T E R N V C
P A N U A S U B M A R I N E

Solution on Page 263

CARD
CHAIR
CIRCULAR
CLOTH
COFFEE
DESK
DINING
DINNER
EAT
FLAT
FOLDING
FOOD
FORMAL
FURNITURE
GAME
GLASS
LAMP
LEG
LUNCH
METAL
MODERN
NIGHT
OAK
OFFICE
OUTDOOR
OVAL
PATIO
PICNIC
PINE
POKER
RECTANGULAR
RESTAURANT
ROUND
SET
SIDE
SOFA
SQUARE
SURFACE
WOOD
WORK

Terrific Tables

C W H R K A O J C H A I R H
B D O Z S P E N I P O K E R
Y R O O E C A F R U S E N G
V A R O D I I T A S I C N D
O U E V F R T N I K O I I B
E M C A O C O U C O N F D R
D M T L R U R O P I U F A G
I G A N M L Z V D L P O P M
S B N G A A X J H T O L C T
F L G I L R S K D L U N C H
I R U W D Q U N R E D O M G
L L L R U L U A A O F C F I
V E A A B O O T T F W A A N
G C R M R N A F E S S A L G
S E T H P L H E Y M E T A L
Z S O R F U R N I T U R E E

Solution on Page 263

ANCESTRY
ANNIVERSARY
ARGUMENT
BABY
BONDING
BRUNCH
CELEBRATION
CHILDREN
CHRISTMAS
DEBATE
DINNER
EASTER
ENGAGEMENT
FAMILIARITY
FAMILY MEAL
FOOD
FUN
GENERATIONS
GRANDMA
GREETING
HAPPY
HERITAGE
LARGE
LAUGHTER
LOUD
MARRIAGE
NOSTALGIA
OFFSPRING
REMINISCE
RIVALRY
SON
SURPRISES
TRADITION
VACATION

Family Togetherness

G G N I T E E R G F O O D V
R N O Y T R A D I T I O N A
A I F R L N Y P P A H N E C
N D F L A N E V W L E O R A
D N S A E N D M G A R S D T
M O P V M O U E E U I T L I
A B R I Y I O G N G T A I O
R S I R L T L A E H A L H N
E A N E I A Y I R T G G C T
N M G M M R B R A E E I N N
N T E I A B A R T R J A U E
I S G N F E B A I S I F R M
D I R I P L B M O O E T B U
Y R A S R E V I N N A C Y G
N H L C D C E A S T E R N R
D C S E S I R P R U S X M A

Solution on Page 263

ACCOUNT
ACCRUED
ANNUAL
ARREARS
BANKS
BILL
BOND
BROKE
BUDGET
BUSINESS
CHECK
COLLEGE
CONSOLIDATION
CREDIT
CRISIS
DEBTOR
DEFAULT
DEFICIT
FEES
FINANCE
FORECLOSURE
INFLATION
INSOLVENCY
LENDER
LEVY
LIEN
LOAN
MONEY
MORTGAGE
OBLIGATION
OWE
PAY
PENALTY
PERSONAL
PROBLEM
RATIO
SECURITY
TERM
UNSECURED

Money Owed

O I T A R E D N E L H R K Q
Y Y S E C U R I T Y I L C V
A J M J O N F I N A N C E T
P D O T N U O C C A S E H I
Q E R U S O L C E R O F C C
C U T N O I T A G I L B O I
R R G T L U A F E D V U P F
E C A S I L I E N S E D E E
D C G S D Y L G E W N G R D
I A E E A B T E O B C E S N
T R K N T A F L I Z Y T O O
E R O I I N F L A T I O N B
R E R S O K L O A N N U A L
M A B U N S E C U R E D L E
P R O B L E M O N E Y P C V
V S I S I R C R O T B E D Y

Solution on Page 263

ASPHALT
BARK
BRICK
BRUSH
BURLAP
CALLOUS
CARPET
CEMENT
CONCRETE
COWBOYS
DIRT
ECZEMA
EMERY BOARD
FILE
FISH SCALES
FOOTBALL
GRAVEL
GRIT
MOUNTAINS
PAVEMENT
PEBBLES
PUMICE
ROAD
ROCKS
ROPE
SAND
SCRAPER
SCRATCH
SIDEWALK
SKIN
STARFISH
STONES
STUBBLE
TONGUE
TREES
UNSHAVED LEGS
UNSHAVEN FACE
WHISKERS
WOOD

That's Rough

P A V E M E N T L E V A R G
U S S D B C C S S E N O T S
M N H K G A U Z Y G F N E K
I I S R I F R V E O E L P C
C A I H B N F K O M B L O O
E T F D A E S T E B A W R R
U N R I R V B C E N O H O S
G U A R S A E P R O F I C C
N O T T L H O D D A S S O R
O M S L D S S B L A P K N A
T B T A N N U C Y E O E C T
H R U H A U O Q A R G R R C
S I B P S E L I F L E S E H
U C B S P A L R U B E M T O
R K L A K L A W E D I S E J
B S E E R T C A R P E T P X

Solution on Page 264

ACADEMY AWARDS
ACTORS
ACTRESS
BEVERLY HILLS
CALIFORNIA
CARS
CINEMA
CITY
CLUBS
FILMS
HOLLYWOOD HILLS
KODAK THEATRE
LOS ANGELES
MOTION PICTURE
MOVIE STUDIOS
NEIGHBORHOOD
NIGHTLIFE
OCEAN
PEOPLE
PRODUCERS
RICH
ROOSEVELT HOTEL
SIGN
STARS
SUNSET STRIP
TELEVISION
THEATERS
WALK OF FAME
WEALTH
WEST

Hollywood Life

H R P N O I S I V E L E T M
M O T I O N P I C T U R E N
O O L P R O D U C E R S A K
V S T L N T P E O P L E O X
I E D S Y I S B U L C D A L
E V A R E W G T I O A R C O
S E M O A W O H E K R I T S
T L E T R W Y O T S S C R A
U T N C N L A H D L N H E N
D H I A R G E Y T H I U S G
I O C E Y A I S M L I F S E
O T V S T A R S L E A L E L
S E S R E T A E H T D E L E
B L E E M A F F O K L A W S
D O O H R O B H G I E N C G
J Y T I C A L I F O R N I A

Solution on Page 264

ANKLE
ARMY
CAMP
CHAPS
CLOTHING
COMBAT
CONSTRUCTION
COWBOY BOOT
EQUESTRIAN
FOOTWEAR
GALOSHES
GO GO
GUM BOOTS
HEELS
HIKING
KICK
KNEE HIGH
LACES
LEATHER
MILITARY
MUD
POINT
PROTECTIVE
RAIN
RIDING
RUBBER
SHOES
SKI
SOCKS
SOLE
STEEL TOE
STILETTO
STRAPS
STYLE
UGG
WADERS
WALK
WATERPROOF
WORK BOOTS
ZIPPER

Footgear

Y R A T I L I M W A L K L A
S G N I K I H P M A C L N D
R U B B E R E P P I Z K M S
E M W C H A P S K S L E E H
D B A L X H G I H E E N K O
A O T O O B Y O B W O C S E
W O E T E G N I D I R P T S
D T R H Q J K E T W R E I O
U S P I U S L C S O H L L C
M T R N E O U L T R S Y E K
T E O G S R C E R K E T T S
A E O K T A C A A B C S T P
B L F S R T P T P O A Z O O
M T N M I S E H S O L A G I
O O Y V A R A E W T O O F N
C E E T N I A R P S G G U T

Solution on Page 264

ARK
BED
BUNNY
BUTTON EYES
CAT
CHILDHOOD
COMFORT
DISNEY
DOG
DRAGON
DRESS UP
DUCK
EASTER
ELEPHANT
FLUFF
FRIEND
FROG
FUR
GIRAFFE
HIPPO
HUGGABLE
KIDS
LADYBUG
MONKEY
MOOSE
MOUSE
OWL
PANDA
PLUSH
PRESENT
RAGGEDY ANN
SOFT
SPECIAL
STATE FAIR
STITCHES
TEDDY
TIGER
TOYS
UNICORN
ZEBRA

Stuffed Animal Collection

G B M O U S E A S T E R S M
F J W N R O C I N U A A P M
V L K U O A H T I G E R E O
E B F I T E I C G A D B C O
G U B Y D A L E H R O E I S
F N S I S S D E A K G Z A E
F N E M T Y H G P Q I I L H
U Y Y O A T O Y S H R B S C
L D E N T N O A G P A T O T
F D N K E O D T U G F N F I
J E O E F N E S G N F E T T
K T T Y A H S U L P E S O S
L C T P I E H D I S N E Y F
L H U T R O F M O C L R S R
D E B D N E I R F H I P P O
F N N X D R L H M O G G B G

Solution on Page 264

AGENDA
AUTHORITY
BUSINESS
CAPITAL
COMPANY
CULTURE
DEPARTMENT
DIRECTORS
EMPLOYEES
ENTERPRISE
EQUITY
ESPIONAGE
EXECUTIVE
FINANCE
FISCAL YEAR
INCOME
LEADERSHIP
MANAGEMENT
MEETING
MERGER
OFFICE
OPERATIONS
OWNER
PLAN
REPORTS
RETREAT
SHARES
STOCK
SUBSIDIARY
SUIT
SUPERVISOR
TAKEOVER
TEAMS
TRADE
WORK

Big Business

T E S P I O N A G E N D A M
E N R S R C O M P A N Y F E
A T E O E E Q U I T Y D I R
M E L M S N N M E E T I N G
S R E L E I I W K H I R A E
Y P A R A G V S O C R E N R
R R D E U T A R U D O C C F
A I E E Y T I N E B H T E F
I S R I V L L P A P T O S R
D E S N P I A U A M U R S E
I R H C A R T C C C A S T T
S A I O T L X U S U I T R R
B H P M W E P E C I F F O E
U S E E Y O L P M E F B P A
S N O I T A R E P O X T E T
T E D A R T A K E O V E R Z

Solution on Page 265

BERLIN WALL
CARTOONS
CHALLENGER
CHANNEL
CHARACTERS
CHILDHOOD
CLASSIC
COMMERCIALS
DOCUMENTARY
EIGHTIES
ENTERTAINMENT
ESPY AWARDS
GAME SHOWS
GRAMMY AWARDS
INFOMERCIALS
NETWORKS
NEWS
NINETIES
OSCARS
PLOT
QUOTES
ROYAL WEDDING
SCENE
SERIES
SEVENTIES
STARS
SUPER BOWL
TV GUIDE
VIDEOS
WESTERN

TV Through the Years

O S C A R S E V E N T I E S
L A B T C H A L L E N G E R
S L A I C R E M O F N I E E
D S N O O T R A C I S N I T
O E D I U G V T D S T R G C
C B S R N S A D Y E A E H A
U H E U A E E M R S R T T R
M V A R P W T T E N S S I A
E I H N L E A I O S E E E H
N D T A N I R Y E U H W S C
T E Y E N E N B M S Q O S L
A O C M S L L W O M X H W A
R S E C E S P Y A W A R D S
Y N E T W O R K S L L R M S
T C O M M E R C I A L S G I
D O O H D L I H C T O L P C

Solution on Page 265

BAY CITY
BOISE
BOWLING GREEN
BRISTOL
BRONXVILLE
CARRINGTON
CONWAY
CUMBERLAND
DECATUR
EFFINGHAM
FORT BENTON
GREENVILLE
MIDDLEBURY
MORRISTOWN
NOGALES
PITTSFIELD
REDWOOD FALLS
ROLLA
SENECA
TAOS
TRAVERSE CITY
WAPAKONETA
WASHINGTON
WATONGA
WEST POINT
WILMINGTON
WISCASSET

Place Names

T Y M N W I L M I N G T O N
N R B C O N W A Y Y R A W T
I U Y R C G S O A T E T A P
O B P E I U A C Q I E E S I
P E O D B S M L N C N N H T
T L X W S R T B E E V O I T
S D N O L W O O E S I K N S
E D O O Y I I N L R L A G F
W I T D T A N S X E L P T I
D M G F I N G G C V E A O E
E A N A C A E N G A I W N L
C C I L Y L C B O R S L R D
A E R L A L G N T T E S L N
T N R S B O I S E R A E E E
U E A M O R R I S T O W N T
R S C S M A H G N I F F E I

Solution on Page 265

APPLIANCE
BAG
BIRTHDAY
BOW
CANDY
CERTIFICATE
CHOCOLATE
CHRISTMAS
CLOTHES
DONATION
EXCHANGE
EXTRAVAGANT
FAMILY
FLOWERS
GENEROUS
GIFT
GRADUATION
GRATITUDE
HOLIDAY
INSIGHTFUL
JEWELRY
MONEY
OCCASION
PERFUME
PRACTICAL
PURSES
SHOWER
SOAP
SURPRISE
TAG
THANK YOU
THOUGHTFUL
TISSUE
TOY
WRAP

Give a Gift

L A C I T C A R P T Y F E S
J M C H B I R T H D A Y M U
O J A M R X S A H M D E U R
C E N N V I N S I O I D F P
C W D S O K S L U N L U R R
A E Y O Y I Y T S E O T E I
S L R O N E T I M Y H I P S
I R U T N A G A V A R T X E
O Y E F I H T N U T S A K C
N T T W T F R I A D A R Q N
P B O F O H I E O H A G Y A
U B U Y I L G C W N C R H I
R L S R W G F U A O T X G L
S U O R E N E G O T H T E P
E G A B G C L O T H E S W P
S P P C H O C O L A T E J A

Solution on Page 265

AIRLINE
APPOINTMENT
ASSOCIATES
BRIEFCASE
CLIENT
CONFERENCE
CONVENTION
DEPARTURE
DESTINATION
DINNER
DISCUSS
EXPENSES
FLY
INTERVIEW
ITINERARY
JOURNEY
NOTES
OBJECTIVES
OPPORTUNITY
OVERNIGHT
OVERSEAS
PARTNER
PHONE
PILLOW
PLAN
QUICK
REPRESENT
RUSH
SCHEDULE
SECRETARY
SUIT
TALK
TRAINING
TRAVEL

Work Travel

R P H O N E O V E R S E A S
I E Y T I N U T R O P P O E
Y A N S E R U T R A P E D T
S E C N E R E F N O C I N O
C Z N O I T A N I T S E D N
H O T I I D A N K C I U Q Y
E V N X N F T I U L S U R R
D E P V T M L S C E H A S A
U R A K E N S Y V O R E P T
L N R N R N E I E E S I P E
E I T T V N T S N N L S L R
V G N O I C D I E L R K A C
A H E L E S T P O R K U N E
R T R J W I X W A N P L O S
T I B R I E F C A S E E A J
A O R U S H G N I N I A R T

Solution on Page 266

AMBER
AUNT JEMIMA
BAKING
BOIL
BOTTLE
BREAKFAST
BROWN
BUCKETS
BUTTER
FLAVOR
FOOD
FRENCH TOAST
GRADES
HARVEST
LIQUID
MAINE
MAPLE TREES
NATURAL
NEW ENGLAND
NEW HAMPSHIRE
PANCAKES
POUR
QUEBEC
RECIPE
SPRING
SUCROSE
SUGAR HOUSE
SWEETENER
SYRUP
TAPPING
TASTE
TOPPING
TREE SAP
VERMONT
WAFFLES
WARM
WINTER

Delicious Maple Syrup

A D E P I C E R O V A L F U
M O J T S A F K A E R B W E
B O V S S U G A R H O U S E
E F E N T A P P I N G N T Z
R N R A E B O T T L E B S S
E W M T N L U T D W N B E U
T O O U I S R Z H E E E V C
N R N R A W W A W C R N R R
I B T A M I M E J T N U A O
W U O L I P N S E S A E H S
A T P I S G P L W T I S R E
F T P H L R P A S E E R T F
F E I A I A R B A K I N G E
L R N N M M P A N C A K E S
E D G R A D E S P U R Y S R
S L I Q U I D C E B E U Q Q

Solution on Page 266

ABERRATION
ACCOMMODATION
ALACRITY
ALOOF
ANALYZE
ANECDOTE
ARCANE
ASSESSMENT
ATMOSPHERE
BRAZEN
CANDOR
COHERENT
COMPOSITION
CONSEQUENCE
CONSTITUTION
CONTINUOUS
CONTRADICT
FURTHERMORE
GUILE
HARDY
METICULOUS
MYRIAD
OBLIVIOUS
PARODY
PLAUSIBLE
PRAGMATIC
REFURBISH
SERENDIPITY
SIEGE

Vocabulary List

A L A C R I T Y D O R A P T
L C I T A M G A R P G Y F C
O B C O N T I N U O U S U I
O A S O H S I B R U F E R D
F T N E M S S E S S A E T A
N M E E R M Y R I A D Z H R
S O N C C E O H A R D Y E T
U S I O N D N D O R C L R N
O P E T I E O D A Y D A M O
L H N O I T U T I T S N O C
U E G E I S A Q E P I A R B
C R C A N D O R E L I O E R
I E N A C R A P R S I T N A
T N E R E H O C M E N U Y Z
E S U O I V I L B O B O G E
M E L B I S U A L P C A C N

Solution on Page 266

APPLY
ART
ATHLETIC
BAKING
BAND
BASEBALL
BOOK
BRIDGE
CERAMICS
CHESS
CHOIR
DEBATE
DRAMA
DUES
FOOTBALL
FRATERNITY
GLEE
HANDSHAKE
HONOR
INITIATION
KNITTING
MEETING
MEMBER
MUSIC
OPTIMISTS
PEP
POKER
PRIVATE
PROFESSIONAL
QUALIFY
SCOUTS
SECRET
SOCCER
SOCIAL
SOFTBALL
SORORITY
SPORTS
SUPPORT
SWIMMING
WINE

Clubs

S E C R E T S N S S S E H C
N K N I T T I N G G O L S H
L L A B T O O F N N C V T O
R I O H C E R A M I C S R N
E T A B E D L P O K E R O O
S E U D F T K H O A R I P R
B K E L R B A O T B T T S X
A A M L A A B V L A I C O S
S H E A T N S W I M M I N G
E S E B E D Y T I R O R O S
B D T T R A I S U P P O R T
A N I F N N T D R A M A E U
L A N O I S S E F O R P B O
L H G S T B R I D G E P M C
E E L G Y F I L A U Q L E S
F M U S I C W I N E M Y M P

Solution on Page 266

APPEARANCE
BASEBALL
BIKER
BILLIARDS
BOXING
COTTON
DISPOSABLE
ELEGANT
EVENING
FALCONRY
FINGERS
FORMAL
GARDENING
GOLF
HAND
HOCKEY
KNIT
LACE
LATEX
LEATHER
LIFTING
MEDICAL
MITTENS
MOTORCYCLE
OVEN
PAIR
PROTECTION
RUBBER
SAFETY
SATIN
SCUBA
SILK
SKI
SNOW
SURGICAL
VINYL
WARMTH
WELDER
WINTER
WORK

Wear Gloves

D S T G Y E K C O H W O R K
N P L A M R O F L O G W P S
A R T G U E N M S A T I N K
H O A B B K C O T T O N R I
T T B K I I M T C U K T E B
M E U F L B B O N L P E H L
R C C I L I A R E A A R T A
A T S N I G S C L C G F A C
W I S G A A E Y B I N E E I
O O N E R R B C A G I V L D
N N E R D D A L S R X E Y E
S Q T S S E L E O U O N T M
X E T A L N L C P S B I E N
G N I T F I L A S P B N F E
I P M V I N Y L I Y A G A V
I P A I R G R E D L E W S O

Solution on Page 267

BOOKS
CAMPING
CLIMB
CRUISE
DESERT
DIVE
EXPEDITION
EXPERIENCE
EXPLORING
FUN
GAMES
GEOCACHE
GPS
HIKE
HUNT
JUNGLE
KAYAKING
MISSION
MOVIES
OCEAN
PADDLING
PARACHUTE
RAFTING
RAINFOREST
RISK
RUNNING
SAFARI
SCARY
SCUBA
SHIP
SURFING
SWIM
TRAVEL
TREK
UNDERWATER
VALOR
VISIT
VOLCANO
WANDERLUST
WILDLIFE

Daring Trips

P S T I S I V H I K E R T D
M I S S I O N A C L O V D A
T E C N E I R E P X E H L B
R E X E G R Z J U N G L E U
E T V P F E O C E A N W V C
S X S I E I S F A U I A A S
E G P A D D L I N G P N R T
D E G L G S I D U I M D T N
G O A N O N E T L R A E Z U
N C M S I R I I I I C R K H
I A E S W K I F V O W L C P
T C S A A I A N R O N U L I
F H T F Q F M Y G U M S I H
A E T U H C A R A P S T M S
R U N N I N G R S K O O B Z
S S C A R Y K S I R O L A V

Solution on Page 267

ART
BASIN
BEDROCK
BENCH
BORDER
BRIDGE
BUILDING
CASTLE
COUNTER
DISH
DRIVEWAY
FIREPLACE
FLOORING
FOUNTAIN
FURNITURE
GRAVESTONE
HOUSE
LEDGE
MASON
MONUMENT
NATURAL
PAPERWEIGHT
PATH
PIER
PIZZA STONE
PLANTER
PORCH
RELIEF
SAND
SCULPTURE
SEDIMENT
SLAB
STAIRS
STATUE
STEPS
STONEHENGE
TILE
TOWER
WALL
WELL

Using Stone

D H S I D B A L S T E P S O
S F E I L E R E T N A L P H
S H O U S E R U T P L U C S
E C S R G R A V E S T O N E
D R T E K C O R D E B R D C
I O A I G J W F H C W N A A
M P T P N E B O J A A Y M L
E R U T I N R U F S L A O P
N R E G R Z D N I T L W N E
T E H T O B Z T L L E E U R
H T A P O P R A I E D V M I
W N M N L W R I S L G I E F
E U A I F U E N D T E R N W
L O S S T A I R S G O D T G
L C O A S T O N E H E N G E
C M N B E N C H B O R D E R

Solution on Page 267

ANGELS
AVALANCHE
BUILDING
CASTLE
CLIMBING
COAT
COLD
DIGGING
EAT SNOW
FAMILY
FIGHT
FOOTPRINTS
FORT
FRIGID
FROZEN
GLOVES
HAT
HILL
ICY
IGLOO
LAYERS
MITTENS
MOUNTAIN
MUFFS
MUSHING
OUTERWEAR
POWDER
SCARF
SCULPTING
SLED
SNOWBALL
SNOWBOARD
SNOWMAN
SNOWSHOES
SNOWSUIT
STOMP
TOBOGGAN
TUBING
TUNNELS
WINTER

Snow Much Fun

V H I L L Z F L A Y E R S S
Q P G Y C I H R C A S T L E
E T L S N O W B A L L E E R
A M O U N T A I N C G N N E
T C O S N O W M A N S E N D
S D L O C S W I A H O Z U W
N C I I E G E B N A U O T O
O T U G M H M O O T T R I P
W A A L I B C I H A E F U G
F O O T P R I N T S R R S L
A C F O R T F N A T W D W O
M B U I L D I N G L E O O V
I M D I G G I N G Y A N N E
L N M U S H I N G V R V S S
Y G N I B U T O B O G G A N
P M O T S L E D M U F F S Z

Solution on Page 267

AISLE
ATTENTIVE
BALLET
BREAK
CELEBRITY
CIRCUS
CONCERT
CRITICISM
ENCOUNTER
FANS
FOLLOWING
GUEST
INTERACT
LEARN
LOUD
MOVIE
MUSICAL
OBSERVE
OPERA
OVATION
PEOPLE
PERFORMER
PUBLIC
RADIO
RAFTERS
READER
RECITAL
REVIEW
ROW
SEAT
SHOW
SPEECH
STAR
STUDIO
SUPPORT
SYMPHONY
THEATER
VISIT
WATCH
WITNESS

Audiences

O I D A R E D A E R S H O W
V P O R E M R O F R E P N O
I E P W Y N O H P M Y S O I
S O E A M A C V L S X B I D
I P R T S I H O I S S T T U
T L A C I S U M U E E C A T
L E H H C L E A R N A A V S
W O S Y I E X V A T T R O P
E T U A T T E N T I V E I E
I M P D I I R F S W U T R E
V T P W R E R T R E C N O C
E E O B C P U B L I C I W H
R L R I X X S R E T F A R F
T L T G N I W O L L O F A A
K A E R B T H E A T E R I N
L B G U E S T N C I R C U S

Solution on Page 268

BEVERAGES
BLOWOUT
BREAK
BROCHURES
CARS
CONVENIENCE
COUNTRYSIDE
CRUISING
DESTINATION
DINING
DRINKS
EXIT
EXPRESSWAY
FOOD
FREEWAY
GAS
HIGHWAY
MAP
PARK
PEACEFUL
PETS
PLAZA
REFRESHMENTS
REFUEL
RELAX
RURAL
SEATS
SHADE
SIGNS
SNACKS
STAND
TABLE
TIRES
TOW
TRASH
TREES
TRUCKS
WALK
WASHROOM
WATER

Travel Stops

T D L A R U R E L A X N T Z
K O S N G I S T E P Z R A K
C O U N T R Y S I D E A B R
T F B W A T E R E F U E L A
I R G R W A S H R O O M E P
X E C N E I N E V N O C C T
E E X B J A S W O T C A D R
X W H E J H K L A W R B R E
P A M V M E D A H S U R I E
R Y D E S T I N A T I O N S
E S N R S S K C A N S C K H
S T S A Y Y A W H G I H S S
S A G G N I N I D B N U T A
W N P E A C E F U L G R A R
A D O S T U O W O L B E E T
Y X S E R I T R U C K S S Q

Solution on Page 268

ANNUAL
BAKED
BERRIES
BRANDY
CAKE
CELEBRATION
CHERRIES
CINNAMON
CITRON
DARK
DELICIOUS
DENSE
EGGS
FLOUR
FRUITS
GIFTS
HARD
HEAVY
HONEY
JOKES
LIGHT
LOAF
MAIL ORDER
MARZIPAN
MOLASSES
OVEN
PECANS
PINEAPPLE
POPULAR
RAISINS
RECYCLED
SHIPPED
SPICES
SPIRITS
SUGAR
TINS
TRADITIONAL
UNWANTED
WALNUTS
YUMMY

Yummy Fruitcakes

U N W A N T E D G P H S H N
O X O W B W C E I O A P O O
D P O I A I M N F P R I N M
S E R V T L E S T U D C E A
T C K R E A N E S L E E Y N
I A O A P N R U H A L S V N
R N R P B O A B T R C C A I
I S L S N I T P E S Y A E C
P E P H M T H G I L C K H S
S U O I C I L E D Z E E K E
S A D P Y D N A R B R C C K
T N A P R A G U S R F A H O
I N R E D R O L I A M A M J
U U K D E T S E S S A L O M
R A I S I N S E I R R E B L
F L O U R Y M M U Y S G G E

Solution on Page 268

BOAT
CLAUSTROPHOBIA
COMMUNICATION
COMPRESSION
CREW
DEEP
DEPTH
HATCH
JAPAN
LAUNCH
METAL
NAUTILUS
NAVIGATION
OXYGEN
PERISCOPE
PRESSURE HULL
PRESSURIZED
PROPELLER
RADAR
RED OCTOBER
RUSSIAN
SENSORS
SILENT
SINK
SONAR
STEALTH
SUBMERSIBLE
TORPEDOES
UNDERWATER
VESSEL
WATERCRAFT
WET
YELLOW

Subs

T E W N R P H A T C H Q S U
O L O N O E E B R L Q D E N
R B L A S I D R J A P A N D
P I L V Y I S O I U D O S E
E S E I L O N S C S I A O R
D R Y G L X A K E T C G R W
O E O A U Y U H A R O O S A
E M Z T H G T C T O P B P T
S B L I E E I N U P E M E E
I U A O R N L U V H E W O R
L S T N U U U A E O D D N C
E N E M S C S L S B J C J R
N B M O S R U S S I A N H A
T O N K E E S T E A L T H F
C A K A R W P W L R D T U T
R T Y A P R E L L E P O R P

Solution on Page 268

ADVENTURE
BUGS
CABIN
CAMPER
COOLERS
COUNSELOR
EAT
EXPLORE
FAMILY
FAUNA
FEE
FIRE
FISH
FOOD
FRESH AIR
FRIENDS
FUN
GHOST STORIES
GRILL
HIKE
LOGS
MARSHMALLOWS
MOONLIGHT
NATURE
PARK
RELAX
RESERVE
RUSTIC
SLEEP
SONGS
SUNRISE
SUNSET
SWIM
TARP
THERMOS
TRAIL
TREES
VACATION
WEEKEND
WILDERNESS

At the Campground

H E V P R A T E S N U S N S
M C A M P E R R W E F D D H
A M C T C S G U B G R N G I
O O A D V E N T U R E E H K
A O T R A N U A F I S K O E
M N I E S K A N R L H E S E
I L O L R H B F C L A E T F
W I N A J R M O E E I W S D
S G P X U O O A V C R N T O
G H S S A L E R L F A H O O
O T T Y E E E R Y L I B R F
L I A R T S B K O L O R I U
C U S S E N R E D L I W E N
S E E R T U S L E E P M S I
S O N G S O M R E H T X A Z
F I S H Y C S U N R I S E F

Solution on Page 269

ASPHALT
BRAKES
BRIDGES
CAR
CHAINS
COAST
CONDITIONS
CONTROL
CRASH
CURVES
DANGEROUS
DEFENSIVE
DRIVER
FOG
FROSTY
FROZEN
GREASE
HAZARDOUS
ICE
INJURIES
LANES
MIST
OIL
OVERPASSES
PERILOUS
PLOWS
RAIN
RISKY
SKID
SLIP
SLOW
SLUSH
SNOW
SPEED
TIRES
TRACTION
UNSAFE
WARNING
WATER
WET

Drive Carefully

I L Q S L U S H Z T E W K G
C H S E N A L I Q S C L T R
U R Y S T R A C T I O N I E
R S A K I F U E R M N O R A
V F U S S C W B R I D G E S
E F R O H I N J U R I E S E
S V S A R W R T R E T A W N
O E I U I E W A R N I N G S
T N G S O N G O F R O Z E N
S V C U N D S N L T N S A O
A D F O V E R P A S S E S W
O D R L N D F A E D K K P W
C A O I S T R E Z E I A H J
C E S R V L R L D A D R A W
X U T E O E I O I G H B L I
J K Y P P M R P L O W S T T

Solution on Page 269

BEACH
BLISS
CALM
CAREFREE
CLOUD NINE
COCONUTS
CORAL REEF
COVE
EDEN
FAIRYLAND
FANTASY
FLOWERS
GETAWAY
GORGEOUS
HARMONIC
IDEAL
IDYLLIC
ISLAND
JOYFUL
LOVELY
OCEAN
PALMS
PEACE
PERFECT
PLEASING
PROSPEROUS
QUIET
REMOTE
SAND
SEA
SHIP
SNORKEL
SUN
TIMELESS
TOURIST
TOWEL
VACATION
WARM
WAVES
WONDERLAND

Utopia

S S E L E M I T S H I P T L
T N A E C O F L O W E R S E
U R E M O T E W A R M O I W
N Y G O R G E O U S F S R O
O A H C A E B N H S A P U T
C W P C L O U D N I N E O M
O A E Y R D T E O L T R T L
C T R L E D D R Q B A O E A
H E F E E E N L H S S U I C
D G E V F X D A U P Y S U W
N M C O A R R N L F A R Q A
A E T L Q M E D P Y Y L X V
L E K R O N S E A E R O M E
S V G N I S A E L P A I J S
I O I C O H N O I T A C A V
A C I L L Y D I D E A L E F

Solution on Page 269

ACCOUNTANT
ADD
AXIS
BOOKKEEPER
BRACKETS
CALCULUS
CASH REGISTER
COMPUTE
DATA
DECIMALS
DIVIDE
EIGHT
ENGINEERING
FIGURES
FIVE
FORMULA
FOUR
GRAPH
MATH
MEMORY
MULTIPLY
NINE
NUMBERS
ONE
PARENTHESES
PERCENT
PLUS
POWER
PUNCH
SCHOOL
SEVEN
SIX
SOLAR
SQUARED
SUM
THREE
TOTAL
TWO
TYPE
ZERO

Calculator

Z R P A Z S Y B Q S Y T B E
O E E E T R U O F E L H N N
P W R T O A Q O F V P G M O
Q O C M S X D K I E I I T L
D P E A E I N K V N T E N A
K M N T S S G E E M L A A T
I D T H E S R E B M U N T O
E F D P H S R P R D M S N T
Q N L A T I C E T H C N U P
G U O R N X A R Y S S A O P
S D O G E E L T P F O A C G
O I H B R A C K E T S L C E
Y V C T A L U M R O F G A E
Z I S W P S L A M I C E D R
Z D C O M P U T E N I N X H
D E R A U Q S E R U G I F T

Solution on Page 269

BED
BICYCLE
BOY
BREAKFAST
BRIDGE
CITY
CLOTHES
CREATURE
DINNER
ELEPHANT
GIRL
GRASS
GROUP
GYM
HAMMER
HOLIDAY
HOUSE
IDEA
ISLAND
JELLYFISH
KITTEN
LAMP
LIBRARY
LIGHT
MOUNTAIN
OBJECT
PEOPLE
PLACE
QUILL
SCHOOL
STAR
TABLET
TEAM
TELEPHONE
TRAIN
TREE
TUNNEL
VEIN
YEAR
ZEBRA

All Nouns

D S K U F P P T B O Y X B G
N C T S B F E K I T T E N S
I H R J R V H O U S E L A M
A O E E E N O H P E L E T R
R O E I A L E C A L P A U X
T L N U K T L D Q C E C N P
E C O I F F U Y G Y P D N D
L I B R A R Y R F C K T E Z
B T J A S T O H E I K N L B
A Y E T T U N E A B S A R D
T S C S P S G U Y M V H I A
H L T Y A D I L O H M P G R
G A E D I N N E R M A E T B
I M G R A S S Q U I L L R E
L P B Y T Q C L O T H E S Z
B T T T M W A W E C H W E F

Solution on Page 270

AMBULATION
BALANCE
BRISK
DISTANCE
DOG
EXERCISE
FEET
FITNESS
FOOTPATH
FUN
GAIT
GROUND
HEALTHY
HIKING
JOGGING
KNEES
LEGS
LEISURE
LOCOMOTION
MALL
MARCHING
MOVEMENT
MUSCLES
NATURE
PACE
PEDESTRIAN
PEDOMETER
POWER
ROAD
RUNNING
SIDEWALK
STEPS
STICK
STRIDE
TRAILS
TRAVEL
TREADMILL
WATER
WELLNESS
WORKOUT

Walk with Me

K M U S C L E S E E N K R H
C R O A D D I S T A N C E E
I U K V N M W O R K O U T A
T N U U E E S I C R E X E L
S L O C O M O T I O N D M T
T R A I L S E H G A I T O H
G P R L T C T N H R O W D Y
G W A Q N A I R T S E D E P
A M A A P H L S A L A S P E
Y J L T C I F U L V F G S R
G A O R E I S N B F E E T U
B O A G T R E A D M I L L S
F M D N G S I D E W A L K I
U Q E K S I R B N A T U R E
N S P E T S N P O W E R X L
S V H I K I N G N I N N U R

Solution on Page 270

ADVENTURE
BAG
BED
BLANKET
CAMP
COT
CUSHION
DOWN
FILL
FLOOR
FOLDED
FOREST
GEAR
GROUND
HIKING
INSULATED
KIDS
LINING
MATERIAL
MATTRESS
MUMMY
NAP
NIGHT
NYLON
OUTDOOR
PAD
PILLOW
PROTECTIVE
RATINGS
ROLL
SLEEP
SOFT
STRAPS
TEMPERATURE
TENT
THERMAL
TRAVEL
WATERPROOF
WOOL
ZIP

Sleeping Bags

Z L O O W B S G C F I Q H D
D L C G C F A W E K I D S N
T O D N U O R G R O O L F Y
T R W I B L A N K E T O L L
K P A N D D E W K E O P L O
A N R I G E A R M R I A R N
D S I L B D B P P L I U O F
V I T G D J E R L R R I O S
E X Y R H R E O E H H R D G
N T M B A T W T R S E T T N
T H M T A P A E U S I F U I
U E U W M M S C T N X O O K
R R M A Z D E T A L U S N I
E M C I R A T I N G S Q Q H
D A P C W L E V A R T E N T
S L E E P S S E R T T A M A

Solution on Page 270

ALIENS
BAFFLING
BIGFOOT
BLACK HOLE
CREAK
CRYPTIC
DREAMS
ENIGMA
GHOST
HIDDEN
ILLUSIONS
LEGEND
LIFE
MAGICAL
MONSTER
NOISE
ODD
PARANORMAL
PERSON
PREMONITION
PUZZLING
PYRAMIDS
SHADOW
SPHINX
SPOOKY
STORY
STRANGE
TALE
TIME TRAVEL
UFOS
UNCANNY
UNCLEAR
UNIVERSE
UNNATURAL
UNSOLVED
UNUSUAL
WEIRD
WHISPER
YETI

Very Unusual

U S S M A E R D N E G E L A
N O S R E P S H A D O W L M
U F P U Z Z L I N G L I Z G
S U C R E T S N O M E I B I
U N C L E A R B D N V L F N
A P Y R A M I D S U A T I E
L G Y S Z G O D N C R P L D
Y H K R F T E N K C T A L D
N O O O O V A H I I E R U I
N S O N L T O L L T M A S H
A T P O U L S W E P I N I S
C E S R E V I N U Y T O O P
N N A W H I S P E R E R N H
U L E G N A R T S C Y M S I
C R E A K G N I L F F A B N
W E I R D M A G I C A L G X

Solution on Page 270

EAGER
EASE
EAT
ECONOMY
EFFORT
EGG
ELDER
ELEGANT
ELEPHANT
EMERGED
EMOTION
EMPIRE
EMPTIED
ENABLE
ENCLOSED
END
ENERGY
ENGLISH
ENORMOUS
ENTER
ENTITLED
ENTRANCE
ESCAPE
ESSAY
ESTATE
EVEN
EXAMPLE
EXCESS
EXCHANGE
EXCITED
EXERCISE
EXHIBIT
EXIST
EXOTIC
EXPECT
EXPERT
EXPLODE
EXPORT
EXPRESS
EXTERNAL

E Words

E T G T T E S I C R E X E L
S E S E R N X U E L D E R G
T E L I X O A P O R P N I Y
A R N E X H P H R M V C P G
T R O T G E I X P E R L M R
E E L F R A D B E E S O E E
S T Y T F A N E I L L S N N
E N A B L E N T I T L E D E
X E S C A P E C R T G D A L
O D S S N T E E E N P G S P
T O E N R M M N A O E M S M
I L O E E O E H D R L C E A
C P P R T E C O N O M Y C X
L X G I X X W D E T I C X E
E E O U E N G L I S H D E G
D N E V E E X P E C T G K G

Solution on Page 271

ARCH
BALL
BOOTS
BUNION
CALLUS
CORNS
DANCE
FLAT
FOREFOOT
HAIRY
HEEL
HOOF
INSTEP
JOINT
JUMP
KICK
LEG
LIGAMENT
NAIL
PAIN
PAWS
PEDICURE
PODIATRY
RUB
SANDALS
SHOES
SKIN
SMELLY
SNEAKERS
SOCKS
SORE
STINKY
STRETCH
STROLL
TAP
TENDON
TOES
VEINS
WANDER
WARTS

Our Feet

Q A B Q E J Y R I A H G Y R
A D U U C K U B U R E I S H
W X C W N T K M K C I K B F
Z E S I A I P N P H I G O B
E E T S D N O O S N I E V A
G S R S L A D N A S S L F L
H M A C N I R E S T R O L L
E E W C A O G L R O E H A I
I L E T C L N A Z O K C T A
E L R L N O L B M F A T D N
W Y P E D I C U R E E E I I
B V T N S N O J S R N R F A
T O E S E S S J K O S T P P
U T B O O T S Z C F S S A W
K E Z R H E C H O O F W T S
A H T E S P O R S Y S R A Z

Solution on Page 271

ASTROTURF
AUDIBLE
BACKFIELD
BLOCKING
DEFENSE
FITNESS
FOOTBALL
FUMBLE
HALFTIME
HELMET
HUDDLE
KICK
LINEBACKER
LINEMEN
MIDFIELD
MOTION
OVERTIME
PENALTY
QUARTERBACK
RECEIVER
RED ZONE
REDSHIRT
REFEREE
RETURNER
SACK
SCRIMMAGE
SIDELINES
SWEEP
TACKLE
TIGHT END
TURNOVER
UMPIRE
UPRIGHTS
WISHBONE

Playing Football

J P M Y T L A N E P E F W L
A U D I B L E L D D U H H I
H G N I K C O L B M F A E N
D L E I F K C A B R L S L E
L U T E S C S L U F N E M M
E M H N S A E T T E G N E E
I P G O E B O I F A L I T N
F I I B N R M E M I L L R N
D R T H T E D M N K A E I U
I E T S I T I E C R B D H P
M V A I F R B I Y C T I S R
O I C W C A K C A S O S D I
T E K S C U R E D Z O N E G
I C L K O Q E E R E F E R H
O E E M I T R E V O N R U T
N R E N R U T E R P E E W S

Solution on Page 271

BEACH
BIKING
BOOK
BREAK
CALMNESS
CAMPING
COLORING
COMFORT
COZY
CRUISING
DINNER
DIVERT
ENJOY
EXERCISE
FIRESIDE
FISHING
FLOATING
FRIENDS
GAMES
HIKING
KNITTING
LAZINESS
MASSAGE
MOVIE
MUSIC
NAPS
PARK
PEACEFUL
POOL
RECLINER
RESTING
RETREAT
SAILING
SERENITY
SKIING
SLEEPING
SOOTHED
SUNNY
WINE
YOGA

Unwind

R S C A G O Y L D I V E R T
S E M A G N I I K S A N E Y
U R C A M P I N G A U H N X
N E F L A A S H B I K I N G
N N Q R I G S P S L W K I S
Y I K F E N S S A I Z I D L
L T T G X I E C A N F N N E
O Y G N E T N R Q G E G X E
O M N I R A M O V I E X S P
P T I T C O L O R I N G S I
B R T S I L A F Y O J N E N
O O T E S F C R U I S I N G
O F I R E S I D E M U S I C
K M N D E H T O O S C O Z Y
X O K A E R B R E T R E A T
H C A E B P E A C E F U L H

Solution on Page 271

ABBREVIATIONS
ALPHABET
AMATEUR RADIO
ARMY
AVIATION
DAHS
DASHES
DECODE
DISTRESS
DITS
EMERGENCY
HISTORY
INTERNATIONAL
LANGUAGE
LETTERS
LICENSE
LONG
MARK
MESSAGES
NAVIGATION
NUMBERS
NUMERALS
OLD
OPERATOR
READ
RECEIVER
RHYTHM
SIGNALS
SOUNDS
STRAIGHT KEY
TAP
TELEGRAPHIC
TRANSLATE
TRANSMISSION
WIRE
WPM

Use Morse Code

Y	C	N	E	G	R	E	M	E	D	O	C	E	D
R	S	A	O	Y	R	O	T	S	I	H	W	E	S
E	N	V	L	I	C	E	N	S	E	L	P	G	R
C	O	I	D	A	R	R	U	E	T	A	M	A	E
E	I	G	A	D	O	S	N	R	E	N	E	U	B
I	T	A	S	E	P	H	O	T	L	O	S	G	M
V	A	T	H	T	E	A	I	S	E	I	S	N	U
E	I	I	E	L	R	D	S	I	G	T	A	A	N
R	V	O	S	S	A	A	S	D	R	A	G	L	U
H	E	N	O	I	T	A	I	V	A	N	E	S	M
Y	R	D	U	G	O	K	M	G	P	R	S	R	E
T	B	A	N	N	R	R	S	K	H	E	I	E	R
H	B	E	D	A	Y	A	N	D	I	T	S	T	A
M	A	R	S	L	P	M	A	E	C	N	K	T	L
E	T	A	L	S	N	A	R	T	W	I	R	E	S
A	L	P	H	A	B	E	T	A	G	N	O	L	Y

Solution on Page 272

ACTOR
ALBUM
ATHLETE
AUCTION
AUTHOR
BAND
BASEBALL
BASKETBALL
BOOK
CELEBRITY
COLLECTOR
COSIGN
ENDORSEMENT
FAKE
FAMOUS
FLOURISH
FOOTBALL
FORGERY
GOLF
HAT
HERO
HOBBY
HOCKEY
HOUND
INK
JERSEY
KIDS
LETTERS
MEMORABILIA
MUSICIAN
NAME
PLAYBILL
PLAYERS
POLITICIAN
SPORTS
STAR
TICKET
TRADE
VALUE
WRITE

Autograph Collection

M P H O C K E Y E S R E J W
U L S P O L I T I C I A N R
B A I C E L E B R I T Y H I
L Y R E D A R T U T S E E T
A B U Y B B O H E P U G R E
U I O N L T A I O L B O O K
C L L A L E C R A I H R P I
T L F I A K T V N T O T L D
I P A C B S O K U T D L A S
O F M I T A R A C N L R Y L
N O O S O B R E U A N A E T
G R U U O P L O B A K T R I
O G S M F L H E M A T S S C
L E N D O R S E M E N T A K
F R Q C F A K E R I M D T E
G Y X L B C O S I G N H A T

Solution on Page 272

ANTIQUE
BABY
BEER
BREAKABLE
BROKEN
CAP
CLOSURE
COLA
CONTAINER
CROWN TOP
DISPOSE
DRINK
EMBOSSED
ENVIRONMENT
FLUTED
GINGER ALE
GLASS
HOUSEHOLD
JUICE
KETCHUP
LABEL
LIQUID
LOTION
MESSAGES
MILK
MOUTH
NECK
OIL
PAINT
PLASTIC
RECYCLE
REUSABLE
SHAMPOO
SODA
SPRAY BOTTLE
STORAGE
SYRUP
UNSCREW
WATER
WINE

Bottled

T Q D I U Q I L B A B Y J S
W I N E C I U J K C E N E O
D B S N T H O U S E H O L D
B I R T E U Q I T N A E O A
E S S E O K L I M V G I T K
E W P P A R O F E I L D I E
R M A R O K A R N R A E O T
E E K T A S A G B O S S N C
C S N C E Y E B E N S S R H
Y S I I W R B C L M N O E U
C A R H A E I O R E W B U P
L G D L T T R E T N F M S U
E E E C S U N C T T C E A R
B S H A M P O O S S L O B Y
A C L P K R P M C N E E L S
L P A I N T C L O S U R E A

Solution on Page 272

ABS
APPEARANCE
ARNOLD
BENCH PRESS
BODYBUILDER
CHAMPION
COMPETITIONS
CONTESTS
DUMBBELLS
ENERGY
EXERCISE
FITNESS
FLEXING
GROWTH
GYM
HARD
HEALTHY
IRON
MR UNIVERSE
MUSCULAR
NUTRITION
OIL
PHYSIQUE
PROTEIN
SPORT
STEROIDS
SUPPLEMENTS
TANNING
TRICEPS
VITAMINS
WEIGHT TRAINING
WEIGHTLIFTING
WORKOUTS

Bodybuilding Competition

S H T N D U M B B E L L S P
P A R I Y G R E N E S J U H
E R O E Y N G Y M N S B P Y
C D P T H I S Q U U E O P S
I O S O T T N S S T R D L I
R E M R L F I D C R P Y E Q
T S N P A I M I U I H B M U
I R O N E L A O L T C U E E
W E I G H T T R A I N I N G
O V P N T H I E R O E L T S
R I M I W G V T O N B D S S
K N A X O I E S I C R E X E
O U H E R E N D L O N R A N
U R C L G W G N I N N A T T
T M D F C O N T E S T S Z I
S B A A P P E A R A N C E F

Solution on Page 272

ANNUAL
BALLOONS
CELEBRATION
CHARACTERS
CHILDREN
CHRISTMAS
CLOWNS
COSTUMES
CROWDS
DANCING
DEPARTMENT STORE
ENTERTAINMENT
FUN
HELIUM
HERALD SQUARE
LONG
MACYS
MANHATTAN
MARCHING BANDS
NOVEMBER
NYC
PARADE ROUTE
PERFORMANCE
POLICE
ROCKETTES
SANTA CLAUS
SNOOPY
STREETS
THANKSGIVING DAY
TURKEY

Famous Parades

G N I C N A D S G N Y C Y P
N O V E M B E R F N C H A O
C R O W D S P E U B O I D L
S S U A L C A T N A S L G I
A N N U A L R C S L T D N C
M A N H A T T A N L U R I E
T H E L I U M R O O M E V L
S N W O L C E A O O E N I E
I M A C Y S N H P N S S G B
R Y E K R U T C Y S H T S R
H E R A L D S Q U A R E K A
C E N T E R T A I N M E N T
E C N A M R O F R E P R A I
P A R A D E R O U T E T H O
J I S E T T E K C O R S T N
S D N A B G N I H C R A M X

Solution on Page 273

ASSIGNMENT
BINDER
CLASS
COMPOSITIONS
COVER
DIARY
DOODLES
DRAWING
EDUCATION
ENGLISH
ESSAY
GRAPH
HOMEWORK
IDEAS
JOURNAL
KEEP
LEGAL PAD
LETTERS
LINED
LOOSE
MATH
MEMOS
MUSINGS
NOTES
ORGANIZE
PAPER
PLANNER
POCKET
RECORD
REFER
SCHOOL
SCIENCE
SCRAPBOOK
SCRIBBLES
SKETCHBOOK
SPIRAL
STUDY
THOUGHTS
WRITE

Notebook

H P A R G K P O C K E T S H
R L K R O W E M O H S P G T
E E A C S O M E M G O A N A
F G D N L A R I P S O P I M
E A L U R A D O O D L E S D
R L R A C U S F S R K R U I
R P K L S A O S I O O F M A
S A O O O S T J T C O V E R
B D Y R O O I I I E B H T Y
I L D S G B H G O R H S H A
N L U C N A P C N N C I O S
D S T I I W N A S M T L U S
E A S E W E T I R W E G G E
R E N N A L P U Z C K N H T
Z D S C R I B B L E S E T O
L I N E D Z L E T T E R S N

Solution on Page 273

BABIES
BALLOON
BEARD
BERRY
BIRDS
BUSH
CATERPILLAR
CHILDREN
COLLECTION
CUB
DEBT
DUCKLING
FAMILIES
FAWN
FLOWER
FRUIT
GARDEN
GRASS
HAIR
HAPPINESS
HEDGE
HERB
INSECT
KITTEN
KNOWLEDGE
MOLD
MOSS
PEOPLE
PETS
PLANT
PUPPY
RELATIONSHIPS
SEEDS
SHRUB
TREE
VEGETABLE
VINE
WEALTH
WEED
WISDOM

It's Growing

E V I N E R D L I H C U P L
O B A L L O O N W S Y S E T
W F G C B U C D I P T E R S
Z R S B A B I E S I C E A T
R U M S T T W B D H E D G E
K I T T E N E T O S S S L P
Y T A B G N P R M N N D D U
F F K H E I I O P O I U E P
W A L D V R S P I I J C E P
E W M O N S R T P T L K W Y
T N I I W E C Y A A S L E M
K N O W L E D G E L H I A D
Y W A P L I R R K E R N L R
X M O L D A E A A R U G T A
A E O D P B U S H G B C H E
P C H E R B W S R S D R I B

Solution on Page 273

AEROBATICS
AERODYNAMICS
AIR SPORT
AIRCRAFT
AIRFRAME
ALTITUDE
BALLAST
BREEZE
CLIFF
CONTROL FRAME
DANGER
EXPERIENCE
EXTREME
FLIGHT
GLIDERS
GLIDING
HANG GLIDER
HARNESS
JUMPING
KITE
MOUNTAINS
PARAGLIDER
PLANE
RIDGE LIFT
SAIL
SKY
THERMALS
UNMOTORIZED
UNPOWERED
UPDRAFT
VARIOMETER
WIND CURRENT

Hang Gliding Adventure

Y S T R O P S R I A B J G C
E S A E X T R E M E R U L L
M E E D U T I T L A E M I I
U N R S D U D E B K E P D F
A R O W A L G M J I Z I I F
E A B I N I E O T T E N N M
R H A N G G L I D E R G G O
O B T D E Z I R O T O M N U
D A I C R T F A R C R I A N
Y L C U T Y T V F L I G H T
N L S R E D I L G A R A P A
A A I R F R A M E N A L P I
M S Z E X P E R I E N C E N
I T U N P O W E R E D Y K S
C O N T R O L F R A M E F W
S L A M R E H T F A R D P U

Solution on Page 273

ARCHITECT
BAGS
CLOTHES
CLUTCH
COSTUME
CREATOR
ENGINEER
FABRIC
FASHION
FRAGRANCE
FURNITURE
GAMES
GRAPHIC
HOME
INDUSTRY
INTERIOR
INVENTOR
JACKETS
JEANS
LABELING
LANDSCAPE
LIGHTING
MATERIAL
MUSICIAN
ORIGINAL
PACKAGING
PAINTER
PERFUME
PLANNER
SCENERY
SCULPTURE
SETS
SOUND
UNIQUE
VISUAL
WEB

Design Work

S E M A G I N V E N T O R J
L S F R A G R A N C E Y S E
R R P E R F U M E T R E T A
E O J A C K E T S T U E E N
N I F A B R I C S Q T N S S
N R T S K H O U I L I G F C
A E P A C S D N A L N I A I
L T R R T N U I I I R N S H
P N A U I O R P G G U E H P
A I M W T E R A N M F E I A
I E E H T P K I R C J R O R
N B O A D C L I G H T I N G
T M M N A E M U S I C I A N
E I U P B A G S C E N E R Y
R O T A E R C V I S U A L I
S C L U T C H S E H T O L C

Solution on Page 274

ADVERTISE
ANNOUNCEMENT
ARTWORK
BROCHURE
BUSINESS
CALENDAR
CAMPUS
CARD
CELEBRATION
CLASSROOM
COMMUNITY
CORKBOARD
CREATIVE
DESIGN
DORMITORY
FOR HIRE
FOR SALE
FOUND
FREE
GARAGE SALE
HELP LINE
HELP WANTED
ITEMS
LOST
MAPS
MARKERS
MEMO
MESSAGE BOARD
NOTE
NUMBERS
PAPER
PIN
PLANS
REMINDER
ROOMMATE
SCHOOL

Bulletin Board

B O N O I T A R B E L E C C
M M B U S I N E S S H E L A
H E L P W A N T E D Q R A L
E M S O K R O W T R A U S E
L D A S O S U P M A C H S N
P R E E A H N X M X N C R D
L A T L P G C B T U I O O A
I O D R A C E S M Y P R O R
N B N V P S M B T P M B M E
E K G G E A E I O I F F M M
I R I T R R N G T A O G A I
T O S K S U T O A U R P T N
E C E R M O R I N R S D E D
M R D M Z Y L D S N A L P E
S F O R H I R E F E L G I R
H C R E A T I V E E E R F B

Solution on Page 274

AMBULANCE
ANESTHETIC
BED
CAFETERIA
CLEAN
DELIVERY
DIAGNOSE
DISCHARGE
DOCTOR
EMERGENCY
EXAMINATION
FAMILY
FLOWERS
FRIENDS
GOWN
ILLNESS
MEALS
MEDICATE
MEND
MONITOR
NEEDLE
OBSERVE
OPERATE
POSITIVE
QUIET
RECOVERY
REPAIR
REST
ROOM
SCAN
STAY
SURGEON
TECHNICIAN
TEST
TOILETRIES
TRANSFUSION
VISITORS
VITALS

In the Hospital

D Y B E D A M B U L A N C E
I C N A C S S E N L L I T V
S N O E G R U S T N T R E R
C E S O N G A I D E A E C E
H G I G O W N C H N I C H S
A R Q R I M L T S E R O N B
R E M H T E S F D O E V I O
G M F D A E U A O V T E C P
E E R N N S L M C I E R I E
T S I A I E M I T S F Y A R
A L E O M E M L O I A E N A
C A N Y A T S Y R T C J E T
I T D L X S R E W O L F E E
D I S D E L I V E R Y S D I
E V I T I S O P Y S T Z L U
M O N I T O R I A P E R E Q

Solution on Page 274

CANVAS
CARVE
CAST
CHISEL
CLAY
COLOR
COMPOSE
CONCOCT
CONTRIVE
CRAYON
CREATE
DANCE
DECORATE
DESIGN
DIGITAL
FABRICATE
FASHION
FORGE
GALLERY
GENERATE
INK
LANDSCAPE
MAKE
MODERN
MOSAIC
MURAL
MUSIC
OIL
PASTEL
PENCIL
PIGMENT
PLAN
POETRY
PORTRAIT
SCULPT
SIGNATURE
SKETCH
TALENT
THEATER
VISION

Being Creative

M D A N C E G R O F M F S G
U E T A E R C T H E A T E R
S S V R C H O I L I C N E P
I I S V I S I O N R E D O M
C G K S E T A C I R B A F T
A N E F U P T I A R T R O P
S L T A E L A T N E M G I P
T A C S T V E C A R V E N P
P T H H A E I T S E A O L E
X I C I R Y Y R S D Y A C E
L G A O O E R U T A N G I S
A I N N C I T E R N P A C O
R D V W E N E C L O O U L P
U D A O D K O K F L L C A M
M O S A I C P C A P A O Y O
M H K T N E L A T M S G C C

Solution on Page 274

APPLICATIONS
BASIC
BINARY
BUGS
CAREER
CLASS
COBOL
CODING
COMPUTERS
DATA
DEBUGGING
DEVELOPMENT
ENGINEERING
FORMAL LOGIC
FUNCTION
HARDWARE
HTML
INFORMATION
INPUT
INTELLIGENCE
JOBS
LANGUAGES
MACHINE
MAINTAIN
MATHEMATICS
MODERN
NETWORK
OPERATING SYSTEM
RUN
SOURCE CODE
TROUBLESHOOTING

Programming Computers

C M N S S G U B K O C T Y L
M A R B N R A N R P L R R M
A C E O O S R O O E A O A T
I H D J I E Q I W R S U N H
N I O C T G I T T A S B I A
T N M D A A N A E T C L B R
A E C E C U T M N I I E D D
I D O V I G E R G N T S E W
N O M E L N L O I G A H B A
O C P L P A L F N S M O U R
I E U O P L I N E Y E O G E
T C T P A O G I E S H T G E
C R E M M B E N R T T I I R
N U R E K O N P I E A N N A
U O S N Z C C U N M M G G C
F S A T A D E T G N I D O C

Solution on Page 275

BENEFICIAL
CARE
COMFORTING
DEVELOP
DEVOTED
DISCUSS
EDUCATE
EMPATHETIC
ENCOURAGE
ENRICH
FATHER
FOND
GENTLE
GRANDMA
GROWTH
GUIDING
HELPFUL
INFLUENCE
INSTRUCT
KIND
LISTEN
LOVING
MATERNAL
MINDFUL
MOTHER
PLEASANT
PROTECT
RAISING
REARING
SWADDLE
SYMPATHETIC
TALK
TENDER
UNCLE
UPLIFTING
WARM

Caring People

L D E V E L O P R O T E C T
U U T N A S A E L P D Z T A
F W F Z C M O T H E R A C L
D A H P D O L O V I N G U K
N R E N L B U O H T W O R G
I M A C B E T R E D N E T E
M R C I T E H T A P M Y S L
G A O T D D N I K G F O N D
E I M E L T N E G X E K I D
T S F H U P L I F T I N G A
A I O T N G N I D I U G F W
C N R A C J M D I S C U S S
U G T P L I S T E N R I C H
D D I M E P L A N R E T A M
E C N E U L F N I Y P F G L
U D G N I R A E R E H T A F

Solution on Page 275

ANCIENT
ASIA
BEAST
BIG
BOOKS
CASTLE
CAVE
CHINA
DANGER
DUNGEON
EUROPEAN
EVIL
FANTASY
FEAR
FLY
GIANT
HARRY POTTER
HUGE
JAPAN
KNIGHT
KOMODO
LAIR
LARGE
LEGEND
LIZARD
MAGIC
MEDIEVAL
MONSTER
PRINCESS
PUFF
SCALE
SERPENT
SIZE
SLAY
SWORD
SYMBOL
TAIL
TEETH
TRADITIONS
WINGS

Legendary Dragons

K O M O D O O C A S T L E R
R I A L U C S N C T X L V U
O P G P N H C D A B E H I X
W H I R G I A I V G A E L D
E B C I E N L S E R P E N T
G D B N O A E N R M F L W H
U P T C N Q D Y E A B H R G
H T E E T J P D N L E N E I
A F B S N O I T I D A R T N
K I K S T E A Z A E S W S K
G E S T V S A N P K T I N L
W G E A Y R G O O N Z A O D
D R L F D E R O A E P B M B
R A E F R U B I X A M Q Y X
P L L U E L G J J Y A L S W
T Y S P D R O W S G N I W G

Solution on Page 275

AMINO ACIDS
BODY
CELLS
CHANGES
CHROMOSOMES
DISORDER
DNA
DOMINANT
DOUBLE HELIX
EGG
EVOLUTION
EYE COLOR
FATHER
FEATURES
GENETIC CODE
HEIGHT
HEREDITY
HUMAN GENOME
INHERITANCE
MOTHER
MUTATIONS
NUCLEOTIDES
OFFSPRING
PARENTS
PEOPLE
PHENOTYPE
RECESSIVE
RNA
SPERM
UNDERSTANDING
VARIATION

Genetic Information

C L T V V A R I A T I O N H
N S E R U T A E F Z I X V E
U N D E R S T A N D I N G G
C O C H A N G E S L L E C G
L I Y T I D E R E H T A F N
E T S O V M N H E I G H T I
O A E M O N E G N A M U H R
T T M Y B L T S T N E R A P
I U O L B D I S O R D E R S
D M S U R E C E S S I V E F
E Y O S D I C A O N I M A F
S D M S E V O L U T I O N O
P O O Z V H D O M I N A N T
E B R U E Y E C O L O R N A
R P H E N O T Y P E O P L E
M E C N A T I R E H N I Y U

Solution on Page 275

AIRPORTS
AVAILABLE
CAB DRIVER
CABBIE
CALL
CATCH
CITIES
DESTINATION
DISTANCE
DRIVERS
EXPENSIVE
FARE
FLAG
FUEL
GAS
HAIL
HIRE
LIGHT
LOCATION
LONDON
METER
MILEAGE
MONEY
NEW YORK
PASSENGERS
PICK UP
PUBLIC TRANSPORT
RADIO
RATE
RIDE
STREETS
TAXI
TIP
TRAFFIC
TRANSPORTATION
TRAVEL
TRIP
VEHICLE
WAVE
YELLOW CAB

Call a Cab

T R A N S P O R T A T I O N
R A D I O L G E V P I R T C
O Y V X L O C A T I O N P C
P E G A E L I M E T E R A A
S N C T B L O N D O N B S B
N O I T A N I T S E D E S B
A M E B C L E U F R I T E I
R P L C W L X P I T R A N E
T E C C O H P V I E P R G N
C C I A L I E C E U E A E I
I N H T L R N T K D L W R W
L A E C E E S C I F Y M S P
B T V H Y A I R P O R T S Z
U S A G H P V S R E V I R D
P I W F A R E K L I G H T T
L D C I F F A R T R A V E L

Solution on Page 276

ACCUSATION
ADVOCATE
APPEAL
ARGUMENT
BAR
BENCH
BIBLE
BOX
CHAIRS
CHAMBERS
CHARGE
CLAIM
DAMAGES
DEFENSE
EVIDENCE
FLAG
GALLERY
GAVEL
GUILTY
HANDCUFFS
INNOCENT
JUDGE
LAWYER
LECTERN
MICROPHONE
NOTES
OBJECTION
OBSERVERS
OVERRULED
PLAINTIFF
PLEA
RECORD
REPORTER
RULING
SEAL
SPECTATORS
SUBPOENA
SUSPECT

Courtroom Drama

B S L A E P P A E L P E Y F
E R E P O R T E R H G T O L
N O C S E G A M A D L B A A
C T T P E Z I N U I S E E G
H A E I E A D J U E S V C A
A T R D L C E G R A H C N V
M C N C U A D V O C A T E E
B E C F O V E R R U L E D L
E P F U A R G U M E N T I D
R S D X S U B P O E N A V B
S U E P L A I N T I F F E I
E S F N O I T C E J B O X B
T N E C O N N I R E Y W A L
O B N E N O H P O R C I M E
N A S R I A H C G N I L U R
Y R E L L A G R E C O R D I

Solution on Page 276

AFTERNOON
BAKE
CALENDAR
CHANGE
COMMON
CONVERSATION
COOK
COSMETICS
DAILY
DEODORANT
DIARY
DISHES
DRIVE
DUST
EAT
EVENING
EVERYDAY
EXERCISE
FLOSS
LAUGH
LUNCH
MORNING
MUNDANE
NIGHT
OFTEN
ORGANIZED
PLAY
REGULARLY
REST
ROUTINE
SCHOOL
SHAVE
SHOWER
SLEEP
SMILE
SNACK
TALK
THINK
WAKE
WORK

Routines

C L E G N A H C S L E E P U
N O O N R E T F A M U V R Y
I O S M I F V D I S H E S R
G H I M U T H I N K G N M A
H C D T E N U Y R U U I I I
T S C B A T D O L D K N L D
S S A A M S I A R I M G E K
E O L K M H R C N J A Z S C
R L E E O L G E S E I D I A
H F N V Y A B U V N G Z C N
K F D E O D O R A N T C R S
L P A R F A T G I L O E E C
A M R Y T A R N U M W C X O
T S U D E O R N M O F A E O
C T I A N O C O H W O R K K
P L A Y M H N S H A V E N E

Solution on Page 276

ART
BLUE
CALCITE
CEMENT
CLASS
COLOR
DRAW
DRIVEWAY
DUST
EDUCATION
ERASE
GRIP
KIDS
LINES
MATH
ORANGE
PASTEL
PAVEMENT
PINK
POWDER
PURPLE
RED
ROCK
SCHOOL
SEDIMENT
SEWING
SIDEWALK
SOFT
STICK
SUBSTANCE
TAILOR
TALLY
TEACH
TENNIS
TRAY
WEIGHTLIFTING
WHITE
WIPE
WRITE
YELLOW

Chalk Everywhere

Y A R T S U D K E W R Y B E
T E N N I S L R C E M E N T
C Y I E X A A E P I W L V I
H T A M W S T L P G U L B R
B L U E E T E A C H B O L W
L P D V D S R S I T Y W E S
G I R A R U O C A L C I T E
S R A P I B C Y L I O I S N
Q G W K V S K A S F L R A I
W H I T E T T P T T O A P L
S D N W W A L X I I R E U Q
S O I A A N O K C N O G R G
D N F R Y C I N K G K N P I
G W E T N E M I D E S A L R
K D P L F I P O W D E R E L
W C D W A B A S C H O O L J

Solution on Page 276

ATTRACTIVE
BEAUTIFUL
BRANDS
CAMPAIGNS
CAREER
CATWALK
CINDY CRAWFORD
CLAUDIA SCHIFFER
CONTRACTS
COVER GIRL
DESIGNERS
DIET
DIVA
ENDORSEMENTS
FAME
FASHION
FIT
HAUTE COUTURE
HEIDI KLUM
LABELS
MAGAZINE COVER
PARIS
POPULAR
PRETTY
RICH
RUNWAY
SHOWS
STYLE
TALL
TELEVISION
TYRA BANKS
VOGUE
YOUNG

Famous Models

H A U T E C O U T U R E P K
P R U T E L E V I S I O N P
T Y R A B A N K S A P O R H
K T A L L U F I T U A E B E
S B R A N D S T L I T H S I
S W O H S I R A P T F C T D
D R O F W A R C Y D N I C I
E M A F C S L E B A L R A K
D I E T Z C O V E R G I R L
A V I D Z H Y A W N U R T U
R V S N G I A P M A C X N M
E L Y T S F A S H I O N O G
E U G O V F K L A W T A C N
R E V O C E N I Z A G A M U
A E N D O R S E M E N T S O
C M F S R E N G I S E D J Y

Solution on Page 277

ABIGAIL
ALLISON
ANNA
ANTHONY
ASHLEY
BRANDON
CAMERON
DESTINY
ELLA
EMILY
HUNTER
JASON
JENNIFER
JESSICA
JOHN
JORDAN
JOSEPH
JOSHUA
JUSTIN
KAYLA
LAUREN
LUKE
MADISON
MATTHEW
MICHAEL
MORGAN
NATALIE
NATHAN
NICHOLAS
NICOLE
OLIVIA
RACHEL
ROBERT
SAMUEL
SOPHIA
SYDNEY
TAYLOR
THOMAS
WILLIAM
ZACHARY

First Names

Y T J D U S Y N I T S E D Y
E H A U H S O J T R E B O R
N O S Y S D Y P O E L L A O
D M O R N T L L H F N U A L
Y A N A O L I A G I B A C Y
S S R H S V M N C N A A I A
W B M C I M E H A N M M S T
S I E A L K O T W E L I S W
L N L Z L L A R R J E C E S
E I O L A L A O G K O H J H
H C Y S I N N U U A T A P N
C O B E I A T L R T N E P A
A L Y H L D M H A E S L L H
R E T N U H A M O O N Y Z T
V L E U M A S M J N A N N A
N H O J O R D A N K Y K Y N

Solution on Page 277

BELA LUGOSI
BITE
BLOODSUCKING
BOOKS
BRAM STOKER
BUFFY
CAPE
CARMILLA
CASTLE
COUNT DRACULA
CRUCIFIX
CULT
DARK
DEATH
DEVIL
FRIGHT NIGHT
HEART
HELLSING
HUNTER
LOST BOYS
LUST
MOVIES
NOSFERATU
NOVEL
SLAYER
STAKE
SUNLIGHT
THE HUNGER
TRANSYLVANIA
TRUE BLOOD
TWILIGHT
UNDERWORLD
VAMPIRES
VAN HELSING

Scary Tales

S C N C T W I L I G H T F B
L A O R R C B H S R S R R U
A R V U A A L E K E E S E F
Y M E C N S O A O K I U G F
E I L I S T O R O A V N N Y
R L T F Y L D T B T O L U T
N L L I L E S R C S M I H R
O A O X V M U E A B U G E U
S H S K A C C T P C I H H E
F E T R N U K N E N U T T B
E L B A I L I U T S U L E L
R L O D A T N H T A E D A O
A S Y I S O G U L A L E B O
T I S G N I S L E H N A V D
U N D E R W O R L D E V I L
K G N F S E R I P M A V V Q

Solution on Page 277

ANKLE
CALF
CHAIR
DANCING
FEMUR
FIBULA
FOOT
FOUR
HEEL
HIP
HOP
INJURY
JEANS
JUMP
KNEE
LAMB
LIMB
LONG
MUSCLE
NERVE
PANTS
PATELLA
RUN
SECTION
SEGMENT
SHAVE
SKIP
SLACKS
SMOOTH
SORE
STAND
STRAIN
SUPPORT
SWIM
TABLE
TANNED
TENDON
TURKEY
TWO
WALK

About Legs

S E L A N U S H A V E I S O
T K O S U T M U Y B V X L G
X C L W R C H E P Y N K N V
J F M A T W K N M M T G U H
A S I E W R Y L U A N K L E
L N W B U R O S J I E I F E
R A S T U N C P C J M F O L
C E M J G L P N P B G R O O
Y J N B E G A P O U E I T P
B I E O Y D N L F I S A A P
K F R S D T T T L L T H N P
I N V O Y N S F A E A C N I
F W E R E T E C P B T C E K
U O V E A M K T H I L A D S
F E U N U S M O O T H E P N
E T D R Z L E J P R A N S Q

Solution on Page 277

BARREL
CHARGE
CIRCUIT
COAL
CONDUCTOR
CRUDE OIL
CURRENT
DAM
DIRECT
ELECTRICITY
FILAMENT
FISSION
HYDROGEN
INSULATOR
JOULE
KEROSENE
KINETIC
LANGLEY
LIGHTNING
METHANOL
NATURAL GAS
NUCLEAR
OHM
OPEN
PETROLEUM
POTENTIAL
POWER
RENEWABLE
SHOCK
SOLAR
SYNTHETIC FUEL
THOMAS EDISON
TRANSFORMER

Lots of Energy

F M S F S T N E M A L I F J
I E O T A R O T P P A O D O
S T L I G A P N O O N H A U
S H A U L N E E T W G M M L
I A R C A S N R E E L G U E
O N E R R F O R N R E N E C
N O N I U O S U T O Y I L R
E L E C T R I C I T Y N O U
G K W R A M D C A A K T R D
O E A A N E E I L L C H T E
R R B E E R S T U U O G E O
D O L L G L A E D S H I P I
Y S E C R A M N M N S L Y L
H E C U A O O I D I R E C T
T N F N H C H K B A R R E L
L E U F C I T E H T N Y S O

Solution on Page 278

ADVICE
AUDIO
CALLER
COLLEGE RADIO
COMMERCIAL
DEBATE
EDUCATIONAL
ENTERTAIN
EVENTS
FEATURE
FORMAT
INTERVIEW
LAUGH
LIVE
MARCONI
MORNING
MUSIC
NETWORK
PRANKS
PRODUCER
PROGRAMMING
PROMOTION
PUBLIC
REPORTING
REQUESTS
SHOCK JOCK
SPONSORSHIP
TALK
TESLA
THEATER
TRAFFIC
VINTAGE
WEATHER
WIRELESS

Radio Listening

F U M U S I C F E A T U R E
O K R O W T E N V A P T H N
R L N L R N G E I I R G A T
M A O A R N N V N N O E U E
A T I I E D I E T O D P D R
T R T C P E M N A C U U I T
H E O R O B M T G R C B O A
E Q M E R A A S E A E L S I
A U O M T T R W T M R I H N
T E R M I E G I E V J C O T
E S P O N S O R S H I P C E
R T G C G N R E L L A C K R
C S K N A R P L A U G H J V
C C O L L E G E R A D I O I
C I F F A R T S A D V I C E
W E A T H E R S L I V E K W

Solution on Page 278

BALL
CHIFFON
CUFF LINKS
DAPPER
DESIGNER
DICKEY
DRESS
ELEGANT
EVENING
EXPENSIVE
EXQUISITE
FORMAL
FRILLS
GOWN
HEELS
JEWELS
LACE
LAPELS
LOAFERS
LUXURIOUS
ORGANZA
PARTY
PROM
SEQUINS
SHAWL
SHOES
SILK
SPECIAL
STYLISH
SUIT
TAILCOAT
TIE
TOP HAT
TOPCOAT
TRENDY
TUXEDO
VELVET
VEST
WEDDING
WOOL

Dressing Up

B P E W Y D N E R T I E O W
Z R O S I L K W E D D I N G
T O P C O A T D R E S S C N
L M K L U X U R I O U S W I
N E S R E F A O L R H V S N
Y W S E E C F T N A G E L E
V T O N X P A L W Q O X A V
J C A G I Q P L I H U P I E
C E H I L U U A S N G E C S
S F W S L A Q I D C K N E T
V L U E I C M E S H G S P T
E P E D L L O R S I X I S U
L A P E L S Y A O F T V U X
V R T A H P O T T F L E I E
E T B F R I L L S O J V T D
T Y B D D U V A Z N A G R O

Solution on Page 278

AGING
ALE
AMOUNT
BEER
BOURBON
BREWERY
BROWN
CASK
COOPER
CRATE
FERMENTING
FISH
FLAVOR
FOOD
FUEL
GAS
GUN
HOLLOW
HOOP
KEG
LARGE
LID
OAK
OIL
PICKLE
PLASTIC
PORK
RAIN
RANCH
RIM
ROLL
RUM
SHIP
STORE
TAP
UNIT
VESSEL
WAREHOUSE
WINE
WOOD

Barrels

I W P I C K L E N Y X W Z W
A G L I B H G T J J L H O Z
L Y A U U R I M W M I O K T
E S S N U G E A E M D P N X
F N T I H D R W U R O W T W
G N I T N E M R E F O C T A
Z N C W H O E O J R F T N Z
J Q I O Y P B K B S Y W S S
J Q U G O K S R O V A L F H
E S H O A A M O U N T W X I
E K C O C W O L L O H O O P
T K N T P W I N E L B S A G
A J A O B O L G G S O R I B
R P R N I A R Q E U S R E F
C K X L K A M I O K L E U F
T X D I L R F Z P O R R V B

Solution on Page 278

AGED
ANCIENT
ANTIQUE
ART
BYGONE
CLOTHING
COSTUME
CULTURE
DANCE
DATED
DECADES
DESIGN
DISCO
EIGHTIES
ERA
EVOCATIVE
FASHION
FIFTIES
FORTIES
HISTORIC
ICONIC
LATE
MEMORIES
MOVIE
MUSIC
NEON
NOSTALGIC
OLD
OUTMODED
PAST
PRIMITIVE
RECALL
REVIVAL
SIXTIES
STYLE
THEME
THROWBACK
TOYS
TREND
WISTFUL

Reminiscent

K D R E V I V A L A T E W C
I C O N I C D A N C E N I S
R E C A L L X O G T O Y S E
C D I S C O S D C E I A T D
I E I G H T I E S I D Q F A
D A L U A H S T P A S T U C
E N R L R I V H P N S U L E
V C G T E N C R W O E C M D
O I F S S G I O B I I U O A
C E O E E M R W Y H T L V T
A N R I I E O B G S F T I E
T T T T R L T A O A I U E D
I A I X O Y S C N F F R N N
V V E I M T I K E T H E M E
E D S S E S H T R E N D L O
A O U T M O D E D E S I G N

Solution on Page 279

ADMIRED
ARIEL
BELLE
CARRIAGE
CASTLE
CHARMING
CLASSY
CROWN
DAUGHTER
DIGNIFIED
DRESS
DRIVEN
ELEGANT
ETIQUETTE
FAIRY
FAMOUS
FANCY
FLAIR
GIRLS
GOODWILL
GOWNS
JEWELS
LADY
LEADER
LINEAGE
MANNERS
MOAT
MONARCHY
POISE
PRETTY
PROPER
REGAL
RICH
ROYAL
RULE
SLIPPERS
STRONG
TIARA
WAND
WEDDING

Princess

M H R E P O R P M Y C N A F
B O Z M D E P U S O H W M L
E T N M D E O L L T A E R A
L O C A R R I A G E R T E I
L I E N R P S F F M M T T R
E L N N P C E F I T I E H T
A Q P E E L H F Z N N U G D
R S R R A V C Y H A G Q U N
A S E S H G I L C G O I A A
I E T U C X E R N E O T D W
T R T O I I O O D L D E V E
R D Y M R W R S L E W E J D
O E T A N T D A D M I R E D
Y I G F S P C A S T L E E I
A G F A I R Y S S A L C M N
L A D Y L G O W N S L R I G

Solution on Page 279

ART
BACKSCATTER
BEAUTIFUL
BLUE
BOAT
CASE
CAVES
CHALLENGING
CLEAR
COLOR
CORAL REEFS
CURRENT
DEPTH
DIVERS
DOLPHINS
EEL
EQUIPMENT
EXPENSIVE
EXPOSURE
FISH
FLASH
GEAR
HOUSINGS
MARINE LIFE
NATURE
PHOTOGRAPHER
PICTURES
SEA
SHIPWRECKS
SNORKELING
SUNLIGHT
SWIMMING
TROPICAL
UNDERWATER
WHALES
WILDLIFE

Pictures Underwater

F L A S H T H G I L N U S E
H T P E D P N R O L O C G V
B L G N I G N E L L A H C I
E A S E V A C H M S S L L S
F C C S E A Q P E P N H E N
I I O K R P R A E G I O A E
L P R C S I E R L M H U R P
D O A E N C T G U A P S Q X
L R L R O T A O F R L I G E
I T R W R U W T I I O N N R
W N E P K R R O T N D G I U
H A E I E E E H U E T S M S
A T F H L S D P A L R B M O
L U S S I W N U E I A O I P
E R V I N E U L B F Y A W X
S E O F G C U R R E N T S E

Solution on Page 279

ACTIVITIES
ADVENTURE
AFFORDABLE
BACKPACKERS
BEDS
BUDGET
BUNK
CHEAP
CLEAN
COT
CULTURE
DORMITORY
EXPERIENCE
EXPLORE
FOREIGN
FRIENDS
GROUP
HOMESICK
HOTEL
INN
LANGUAGE
LOUNGE
MEAL
NETWORK
OVERNIGHT
PLACES
PRIVATE
ROOMS
SECURE
SHARE
SOCIALIZE
STORAGE
STUDY
TEENAGERS
TOUR
TRAVEL
TRIP
VISIT
WALK
WORLDWIDE

Hostels

B U N K Q F O R E I G N C U
E R S D N E I R F E R A H S
R O W F R U O T B U D G E T
U O E Z I L A I C O S U A O
C M X L P C U L T U R E P R
E S P X B R W P U O R G D A
S R E K C A P K C A B A O G
O A R I L A D V E N T U R E
N V I K T O C R L N R G M D
E B E D S I U E O I I N I I
T N N R Y P V N S F P A T W
W A C C N A L I G T F L O D
O E E P R I V A T E U A R L
R L E T O H G O C C F D Y R
K C I S E M O H M E A L Y O
S R E G A N E E T I S I V W

Solution on Page 279

ADIEU
BAMBOO
BLEW
BLUE
BREW
CANOE
CHEW
CLUE
CONSTRUE
CUE
DREW
EWE
FEW
FLEW
FLU
FONDUE
GLUE
GOO
GREW
HUGH
KAZOO
KUNG FU
NEW
SCREW
SHAMPOO
SHAMU
SHOO
SIOUX
SKEW
SLEW
SPEW
STREW
SUE
TATTOO
THROUGH
THRU
TWO
VIEW
WAHOO
WHO

Rhymes with Shoe

F R F Y P V W I W D M U Z B
L E E N S J W E B E V K C K
U C T O V C P P K U F H E A
Z R H O W S A G L S W W E Z
H O H W C M E N I F E B K O
T O Y T A T T O O G R F F O
D H H J W P U N H E G L O E
T S I D H X D S W W L B O E
K H T H G U O R H T M B G U
L S C R E W G U M A H S F R
F S F L E W M H B W M G G T
N G L U E W O W E W N P O S
M A L E E A D I E U L B O N
M C W R W O V L K H N A H O
V U D E Y O B R V J C Y A C
C E N S I K D T U T Z H W V

Solution on Page 280

ADULT
APPROPRIATE
CALM
CAREFUL
COMPLY
CONSENT
CONSIDER
CULTIVATED
CULTURAL
DECADES
DEGREE
DEPENDABLE
DEVELOPED
DIPLOMA
ELDERLY
EMOTIONAL
EMPATHETIC
GROWN
HONEST
INDEPENDENT
LEARNED
LESSONS
MANHOOD
MANNERS
OLD
PATIENT
READY
RELIABLE
RESPONSIBLE
RIPE
SENSIBLE
SENSITIVE
STEADY
TIME
TRUSTWORTHY

Mature

L A N O I T O M E M L A C Q
D P W C E J E A M O L P I D
O P O U P M P A T I E N T C
O R R L I E V I T I S N E S
H O G T R U S T W O R T H Y
N P C U L T I V A T E D T L
A R H R V L H T N C S R A R
M I S A E O L E A D P E P E
A A E L N U S R E R O D M D
N T N E D N E P E D N I E L
N E S A O F O L R O S S C E
E T I C U L I D G L I N O S
R I B L E A R N E D B O M S
S S L V B R E A D Y L C P O
L G E L B A D N E P E D L N
Y D E C A D E S T E A D Y S

Solution on Page 280

ACHE
AILMENT
ASPIRIN
BLOW
CHILLS
CONGESTION
CONTAGIOUS
COUGH
DROWSINESS
FATIGUE
FEVER
GERMS
HEATING PAD
HOME
ILLNESS
INFECTIOUS
ITCHY
JUICE
MEDICINE
MOM
NAP
PAIN
PHLEGM
PILLS
RECOVERY
REST
RUNNY NOSE
SLEEP
SNEEZE
SNIFFLE
SORE
SOUP
STUFFY
SYMPTOM
SYRUP
TEA
TIRED
TISSUE
VIRUS
WEAKNESS

Catch a Cold

R E Q B P U O S E E M O H S
U R O R D R O W S I N E S S
N O S T U F F Y R P A I N E
N S L Q D E U G I T A F I N
Y U L J E U S S I T E F F K
N O I T S E G N O C E A F A
O I H N Y U G Y M V B E L E
S G C H F P M G E L H P E W
E A C R A E E R D B G S Z Y
T T S D E R C H I Q U N E D
I N S Y M C I T C R O I E M
M O E S M S O W I A C R N O
I C N M L P Y V N O I I S M
W O L B L E T R E T U P A N
P I L L S I E O U R T S E R
E C I U J A A P M P Y A O T

Solution on Page 280

BACKGROUND
BOSS
BUSINESS
CALL
CANDIDATE
CAREER
COMPANY
CONFIDENCE
CORPORATE
DEGREE
DESIRABLE
EAGER
EDUCATION
EMPLOYER
EXPERIENCE
FIRM
GOALS
HANDSHAKE
HEADHUNTER
HISTORY
INTRODUCE
LETTER
OFFER
POLITE
PORTFOLIO
PREPARE
RECOMMEND
RECRUITER
REFERENCES
SALARY
SCREENING
SINCERITY
TEAM
TOUR

Interviewing

R E F F O I L O F T R O P U
P E L B A R I S E D E M O L
R D G B O S S C T E F R L E
E U H A N D S H A K E I I T
P C S E E C E H R R R F T T
A A I M T O N I O T E D E E
R T N P A M I S P O N E X R
E I C L D P S T R U C P R E
C O E O I A U O O R E D Q C
R N R Y D N B R C R S I L O
U Y I E N Y G Y I W N Y L M
I R T R A K E E R G E D A M
T A Y T C O N F I D E N C E
E L E A E C U D O R T N I N
R A B R E T N U H D A E H D
M S C R E E N I N G O A L S

Solution on Page 280

ART DECO
ATLANTIC OCEAN
BRITISH
CUNARD LINE
DECKS
DINING ROOM
ENGLAND
EUROPEAN
EXPRESS
FLAGSHIP
FLEET
HAUNTED
HISTORY
HOTEL
LAUNCH
LIVERPOOL
LONG BEACH
LOUNGE
LUXURY
MUSEUM SHIP
NORMANDIE
NORTH ATLANTIC
OCEAN LINER
RESTAURANT
RETIRED
SAILING
SHIPS
SPEED
STATEROOMS
TRANSATLANTIC
TRAVEL
WATER

On the *Queen Mary*

J E O F E I D N A M R O N L
S G N I L I A S U R C A A Y
S N S P E E D S E E E U R K
E U N N P E E S D C N U T L
R O O O R U T T O C X R S I
P L R I M A R C H U A F M V
X U T S U A I D L N L O O E
E E H R W T E D S A O C O R
R I A A N T N A G R N E R P
P N T A N A T S G D G A E O
T E L U L L H N E L B N T O
R T A G A I I C E I E L A L
A H N N P N K V I N A I T E
V E T S I S A D V E C N S T
B I I D B R I T I S H E O O
C U C Z T S H I S T O R Y H

Solution on Page 281

ADMIRE
APPEAL
ARTISTRY
ATTRACTION
BEAUTIFUL
CHARM
CLOTHES
COSMETICS
ELEGANCE
ENHANCE
EXQUISITE
EYES
FACE
FASHION
GLOW
GORGEOUS
GRACEFUL
HAIR
HANDSOME
IDEAL
INSPIRING
LIPS
MERIT
MODEL
NAILS
NATURAL
OUTWARD
PLEASANT
PRETTY
RADIANT
SKIN
SMILE
SPLENDOR
STRIKING
STUNNING
SUPERB
WINSOME
WONDERFUL

Allure

G R I V G N I N N U T S S E
L I P S P L E N D O R T K C
O A L I D E A L J V N R I A
W H A N D S O M E A M I N F
O D R A W T U O I G R K O G
N Q U I Q L E D O M A I I O
D T T N A S A E L P H N T R
E I A S E R I M D A C G C G
R R N P C Y R T S I T R A E
F E T I S I U Q X E F A R O
U M P R E T T Y P L A C T U
L U F I T U A E B I S E T S
I E C N A H N E M M H F A L
R D A G B R E P U S I U L I
A P P E A L S E H T O L C A
W I N S O M E Y E S N C F N

Solution on Page 281

ALARM CLOCK
BABY
BEDTIME
BLANKETS
BRAIN
CIRCADIAN RHYTHM
COMFORT
COVER
CRIB
DEEP
DREAMING
EIGHT HOURS
ENERGY
GROWTH
HAMMOCK
HIBERNATION
INSOMNIA
LIGHT
MAMMALS
MATTRESS
MEDICINE
NARCOLEPSY
NECESSARY
NIGHTMARES
NIGHTTIME
PATTERN
PILLOWS
REM SLEEP
REST
ROBE
SLEEP APNEA
SLEEP STAGES
SLEEPWALK
SLUMBER

Get Some Sleep

B R A I N I G H T T I M E B
A M E D I C I N E R I H I I
B Y N R E T T A P W I T N R
Y S T E K N A L B B S Y S C
A P G A L R O B E L S H O K
E E R M I Y G R E N E R M L
N L O I G M N E E D R N N A
P O W N H A P C R E T A I W
A C T G T S E P E E T I A P
P R H I T S I G V P A D M E
E A O A S L K C O M M A H E
E N G A L A R M C L O C K L
L E R O N I G H T M A R E S
S Y W S R U O H T H G I E M
T S E R Y T R O F M O C O E
R E B M U L S L A M M A M R

Solution on Page 281

ANNIVERSARY
ANNUALLY
AUTUMN
BANQUET
BIRTHDAY
BONUS
CHRISTMAS
CONVENTION
DENTIST
EMMYS
EXAM
FEES
GOLDEN GLOBES
GRAMMYS
HALLOWEEN
INSPECTION
JULY FOURTH
LABOR DAY
MEMORIAL DAY
OSCARS
PARTY
PHYSICAL
PLANT
STANLEY CUP
SUMMER
TAXES
THANKSGIVING
TONY AWARDS
VACATION
VETERANS DAY
YEARLY

Yearly

R G R A M M Y S R A C S O C
P H Y S I C A L P A R T Y O
Y A D H T R I B R G Y L R N
J L P U C Y E L N A T S A V
Y L L A U N N A D V E S S E
N O I T C E P S N I E Y R N
S W T E U Q N A B B I M E T
U E V A C A T I O N M M V I
M E M O R I A L D A Y E I O
M N F E E S G A U T U M N N
E Z T H A N K S G I V I N G
R E S O E C H R I S T M A S
V Y A D R O B A L T A X E S
J U L Y F O U R T H M A X E
T O N Y A W A R D S U N O B
G I H D E N T I S T N A L P

Solution on Page 281

ACQUIRE
ANIMALS
BEHAVIOR
BOOK
CHILD
CLASS
COLLEGE
CURVE
DECISION
EXAM
EXPERIENCE
FORMAL
FUN
KNOWLEDGE
LANGUAGE
LEARNING
MASTER
MATH
MEMORY
MOTIVATION
MULTIMEDIA
PHILOSOPHY
PRACTICE
REPETITION
RESEARCH
REWARD
RULES
SCHOOL
SCIENCE
SKILL
SMART
STIMULUS
STUDY
SUBJECTS
TEST
TRAIN
VISUAL
WORKSHOP

Learned

F D L I H C A Y S K I L L F
U T P A Y H W O R K S H O P
N E H M U C R K O O B R R I
K S I U R S O A N I M A L S
N T L L E N I L V A C E S C
O U O T S M V V L T L S M H
W D S I E O A R I E A T S O
L Y O M A T H C W L G C D O
E X P E R I E N C E S E E L
D M H D C V B G S M C J R D
G A Y I H A T R A I N B I R
E X M A S T E R S U K U U A
R E P E T I T I O N G S Q W
C U R V E O O S C I E N C E
O L E A R N I N G M D T A R
R U L E S U L U M I T S E L

Solution on Page 282

AMPHIPODA
ANEMONE
BALANUS
BARNACLES
CHTHAMALUS
CLAM
CLIMATE CHANGE
COMPETITION
CONCHOLEPUS
COPEPOD
CRUSTACEANS
DIATOM
FOAM
GULLS
IMMERSION
KELP
LIMPET
LITTORINA
PLANKTON
POLYCHAETES
PREDATORS
ROCKY
SALINITY
SAND FLEAS
SEA URCHIN
SNAIL
SPRAY
SUBSTRATES
TIDE
TIGRIOPUS
WATER
WAVES

Between the Tides

J A S U B S T R A T E S Z B
C B A R N A C L E S N U H A
C O P E P O D D U A P P D L
L I M P E T A L E M A O F A
Y A R P S N A C S D P I K N
K E L P E M A A N I S R S U
C L I M A T E C H A N G E S
O C O H S L I P E T A I T L
R N T U F X M T D O I T E I
E H R D M A L C I M L B A T
C C N P R E D A T O R S H T
L A S U P E L O H C N O C O
S E A U R C H I N U Q Q Y R
G U L L S A L I N I T Y L I
R E T A W I M M E R S I O N
W A V E S N O T K N A L P A

Solution on Page 282

AARP
ADVISOR
ANNUITIES
ASSETS
BENEFITS
BILLS
BONDS
BUDGET
CAR
DEBTS
DOWNSIZE
EMPTY NEST
ESTATE
EXPENSES
FAMILY
GOAL
HEALTH
HOBBY
HOME
INCOME
INFLATION
INSURANCE
IRA
MARKET
MONEY
MORTGAGE
NEST EGG
PARTY
PENSION
PORTFOLIO
PRIORITIZE
RETURN
ROTH
ROYALTIES
SAVINGS
SENIOR
STOCKS
TAXES
TRAVEL
TRUST

Retirement Plan

R E T U R N H O B B Y F W H
M Y M Y I R A A R P V P A T
S F I E I N S U R A N C E O
K A N N U I T I E S Q R Z R
E M F O Q P O R T F O L I O
M I L M A R K E T Y R A S S
P L A R I S S S A E O O N I
T Y T T K S L L X G I G W V
Y Y I C A L T P E A N T O D
N Z O Y I I E U S G E B D A
E T N B E N E F I T S O M B
S S P S S L E V A R T N U D
T U P E N S I O N O E D E E
A R S G N I V A S M G S M B
T T A E I N C O M E G O M T
E H V C H E A L T H H S E S

Solution on Page 282

ANGELS
ANIMALS
ANNUAL
ART
BABY JESUS
COLORFUL
CONTACT
DISPLAY
DOVE
ENVELOPES
FAMILY
FRIENDS
GIFTS
GREETINGS
HOLIDAY
HOMEMADE
HUMOROUS
JOSEPH
LETTERS
LIST
LOVE
MONEY
NOEL
PERSONALIZED
PHOTOS
PICTURES
POST OFFICE
POSTAGE
REINDEER
RELATIVES
RELIGIOUS
SANTA CLAUS
STAMPS
STORY
TRADITIONAL
WISHES

Christmas Card

Y P H O T O S U O R O M U H
A C O D T S U O I G I L E R
D D M Z R A S T A M P S A E
I I E N A N E E I T U N V I
L S M Z D G J W R A N O I N
O P A V I E Y N L U L T P D
H L D G T L B C A M T O A E
C A E E I S A L O R S C N E
O Y H O O T B N E T T W I R
N L P E N V E L O P E S M P
T E E A A Y A F T S I L A O
A T S D L T F S T O R Y L S
C T O O I I S W I S H E S T
T E J V C O L O R F U L P A
G R E E T I N G S T F I G G
F S D N E I R F A M I L Y E

Solution on Page 282

ANIMALS
BARKING
BEAGLES
BITE
BONES
BREEDS
CANINE
CHIHUAHUA
COAT
COLLIE
DOG FOOD
DOG SHOWS
FLEAS
FUR
GRAY WOLF
GREYHOUND
HAIR
HUNTING
JUMP
KENNEL
LARGE
MAMMAL
MEAN
MUTT
OBEDIENCE
PACKS
PARK
PAWS
PETS
POODLES
PUPPIES
RUN
SIT
SMALL
SNOUT
TAILS
TEETH
TERRIERS
TRAINING
VET

Delightful Dogs

E R C S T E P F B O N E S Q
H T H X W D L E G R A L W F
U T I S U O T I N T E E T H
N H H B W O H E S I C E A Q
T A U Y V F F S R A N F D H
I I A M J G N U G R E A K S
N R H U U O F T N O I L C O
G K U T U D A U I L D E F C
X R A T S O D N N L E M R J
R A E P C L B W I A B B M S
B P I Y U F I A A M O R E E
X A L P H P P A R S A L A L
G W L M E O P A T K G L N D
P S O U T B U I C A I U S O
S N C J L E N N E K R N S O
L A M M A M V B D S S L G P

Solution on Page 283

HAD
HALL
HAND
HANG
HARD
HARNESS
HARSH
HAVE
HAWK
HAY
HAZE
HEAD
HEALTH
HEAP
HEAVY
HEIGHT
HELMET
HELP
HEM
HID
HIKE
HILL
HIS
HOBBY
HOG
HOLIDAY
HOLLOW
HOME
HOMONYMS
HONOR
HOSE
HOST
HOUR
HOUSE
HUDDLED
HUNT
HURT
HUT
HYDROGEN
HYMN

H Words

F T N M Y H U R T T S L V S
I H E V O A V H U T S J M Y
L O V M S J R N Z O D E F F
L U A I L K S P X R H O S T
U S H Q H E A D U J A W M P
D E L D D U H O L I D A Y L
N F H K H H H E I G H T N L
A L P T W E O G D A N O O F
H E K P L A N H R D Y H M T
M Z Z L C A H N S N A A O E
E A A E H N E G O R D Y H W
S H K H H S A H D Y A K O R
O I N I S A V S U K B H L O
H V D L O W Y N P N E B L N
I O D L A R B J Z A T B O O
G L G A D L A X P J M Z W H

Solution on Page 283

ADJUST
ANTIQUE
BEVELED
BROKEN
CAMERAS
CHEVAL
CLEAN
CLOSET
COMPACT
CONCAVE
CONVEX
DECORATION
DISCO BALL
DISTORTION
FLAT
FRAMED
GLASS
HALLWAY
ILLUSION
IMAGE
LONG
MAGNIFICATION
MAKEUP
MAZES
METAL
OPTICAL
OVAL
PERSPECTIVE
REARVIEW
REFLECT
SAME
SIGNAL
SILVERED
SMUDGED
SNOW WHITE
SQUARE
VANITY
WALL

Mirror Mirror

G S E Z A M S O A D J U S T
F L A T E M P U E K A M N B
N V A N I T Y E V A C N O C
O O R S I R E A R V I E W L
I D I C S L A N G I S K W O
T E A T Y I Y A W L L A H S
R L T J A N O I S U L L I E
O E V I T C E P S R E P T T
T V L B N O I T A R O C E D
S E R A U Q S F R A M E D E
I B E L V A N T I Q U E G R
D L L B R O K E N N J I N E
C A D E G D U M S R G M O V
W E M A S D I S C O B A L L
L A V E H C O N V E X G M I
C O M P A C T C E L F E R S

Solution on Page 283

ADMISSION
AIR
BEAUTY
BIRDS
BREATHING
BROCHURES
CONCERTS
CONDIMENTS
CONTESTS
COUPON
DELIVERY
EXPERIENCE
FAMILY
FREEBIE
FRIENDS
GIFTS
GIVEAWAYS
HAPPINESS
HUGS
ICE
KISSES
LAUGHTER
LIBRARY
LOVE
NAPKINS
NATURE
PARKS
PEOPLE
PRIZE
SAMPLE
SHIPPING
SMILE
SPACE
SPIRIT
SUNSHINE
SWEEPSTAKES
THINKING
TIME

It Can Be Free

F B S N I K P A N K C Y S I
Y R A R B I L F E R U T A N
L O C C B I R D S S G U H G
I C E O E Z I R P X O A B N
M H M U N L A U G H T E R I
A U E P S D N E I R F B E K
F R I O N O I S S I M D A N
P E B N H S A M P L E A T I
A S E K A T S P E E W S H H
R T E X P E R I E N C E I T
K R R M P E O P L E T S N I
S E F G I V E A W A Y S G R
M C C O N T E S T S J I I I
I N A D E L I V E R Y K F P
L O V E S H I P P I N G T S
E C A P S U N S H I N E S B

Solution on Page 283

It Can Be Free

I	S	Y	C	O	K	N	A	P	K	I	N	S
N	A	T	U	R	E	F	L	I	B	R	A	Y
G	H	U	G	S	S	S	D	R	I	B	C	L
N	B	A	O	X	P	R	I	Z	E	O	C	I
I	R	E	T	H	G	U	A	L	U	N	U	M
K	E	B	F	R	I	E	D	N	S	P	R	A
N	A	D	M	I	S	S	I	O	N	O	I	R
I	T	A	E	L	P	M	A	S	H	N	E	R
H	S	W	E	E	P	S	T	A	K	E	S	A
T	I	E	N	C	E	I	R	E	P	X	E	R
I	N	S	T	E	L	P	O	E	R	A	M	K
R	G	S	Y	A	W	E	A	V	I	G	E	S
I	I	I	L	S	T	E	S	T	N	O	C	M
F	P	K	Y	R	E	V	I	L	E	D	A	I
S	T	G	N	I	P	P	I	H	S	E	V	L
B	S	S	E	N	I	H	S	U	N	P	A	C

Solution on Page 283

Answers

D G L A N D S N A I L S C T
M J S A N D D O L L A R S I
C S D O P O R T S A G Z N N
N A I U P U D E H S A W A V
P A L N E C A L K C E N I E
S R C C A N A E C O R A L R
N B O R I G L K T I D E S T
O R A T E U R S M A L C H E
I A S R E B M O C H C A E B
T C T T C C R X E H S T L R
C H L H F T T E C N H S L A
E I I A I A I I T O I U S T
L O N R S V R M O S N R E E
L P E D H L X C R N Y C A U
O O Y B I V A L V E S O H M
C D D S D O P O L A H P E C

Finding Seashells

D A I L Y N O M E R E C L C
E V S C O M M U N I O N A H
B A T U C I S U M N D N N I
O L N P P E A E F G D C O S
R U A H N E C I R L E A S T
N E H A S L R I E U T J R O
R O C B Y M A S F H T A E R
O E I I A B M R T I D S P Y
U C P T T G E E U I R O E K
T I I E A E N H T T T C O G
I O Z S T N T I A A L I A F
N H J T I I O W D V V U O S
E C L U B N T R I D I I C N
G R A D U A T I O N E O R T
F A M I L I A L V C E W R P
K N I R D F R A T E R N A L

Ceremonial

S Y G E T A R T S W G S P F
S G N I N R A E O N E A P O
E A I K A E C R I L Y O Y R
C I T V D F K M B R T T E T
C N E A N F O A E E I B N U
U B K L U O K E N N R E O N
S S R U B N R T U T E N M E
G S A A A A I T N R P E C L
N E M B C A R E C I S F A U
I N J L L O M I D C O I P F
V I O E P T E E S H R C I P
A S B P S R A I S E P I T L
S U O E G A T N A V D A A E
E B V O F R U I T F U L L H
M N O I T I S O P R O F I T
I D G N I V I R H T L A E W

Moneymaking

S E K A C N A P I H S R O W
L S E R U S I E L T E F D S
E O U F O O T B A L L N U U
E S V N E W S P A P E R L N
P U T E D Y D X E K A L E L
I N O I T A S R E V N O C I
N D A F H E Y E A Q Q G I G
H A S I C E W B U Y A R U H
C Y T S A F K A E R B O J T
N S W H R F P Y D S J C E O
U C E I T O F E Z N T E G G
R H G N O C N O C A B R N E
B O G G O I N M Y H L I A T
K O S U N D A Y P A P E R H
F L O G S L E G A B D S O E
E F B I K I N G N I N N U R

Sunday Morning

S R J S L A U G H T E R W B
S T H G I N R Q T T E L A V
R E N N I D D A I P P N L D
I K N I R D N Q P E D N T O
A L A R U G U A N I O O Z O
P S A T O E D S D N E I R F
S O L S T T E Q J O C S O E
P C L T W M L U M I N N O T
O I E I B X R I A L A A L A
D A R L G O W N S L D M F D
E L E G A N T T K I T Y K S
X W D O R C H E S T R A O P
U I N V I T A T I O N P E O
T C I S U M G R A C E F U L
M Y C N A F Y Y T R A P R K
V C H C N U P I A N O G Q A

Having a Ball

K W I R E W O T E K C I T R
T R A N S P O R T V G Y O E
E H A F J U R E S O R T C T
R I U P R O G Y B K A I M N
M G N I T A L U C R I C C I
I H S O L N L Z E A L A S W
N T M O S L E P X M B P A O
A C O B W E O M O L M A F L
L P I H I L L U E M X C E S
Z A E R E G N E S S A P T I
P E I T T T E T V C U L Y T
L G W R A C E A F A A M B M
E D O I E E E X R I T R A S
H O N A L A S L H B L E R E
V L S H T N E M E V O M D Y
F H P C E D I R O P E X G V

Chairlifts

J S T E N O Y A B J U R Y L
A F N O O R D A P S A B R E
C O E N O I T C E T O R P E
K I M B L U D G E O N I N G
E L A C I R O T S I H T D N
T A N H K U K N E S E E G U
Y C R I W C O C N A V U N L
A I U L A P N A C I O R I M
L S O T A A M A T K L O B I
P S T E V S D I N S G P B D
D A W D D E T B L A D E A A
R L A R M E D C O M B A T N
O C O I P L A S T R O N S O
W W C M A N I P U L A T E D
S F O O T W O R K P I R G L
S C I P M Y L O S P O R T A

Fencing Competition

K C S E N I A G R A B T T E
P O D E C T R A D E A N P G
A O A U T N T V S G E E A A
R P R G I T A O E M V S Y R
T E L O A N L N E R I E M E
I R T L T U D E I D T R E V
E A K A T A R E E F C P N E
S T G I R G T C A B E E T L
S E O D A O I I U L L R F G
U N I O N S B S L L L G A N
C O N C I L I A T I O N R I
S L A O G N B W L A C Y D T
I D N R E F N O C L H A R E
D S E S I M O R P M O C F E
I Y S M R E T E P M O C X M
B D I S P U T E M O C T U O

Negotiations

D S E H T O L C T B N L P F
L L D C R A Y O N L E S K L
Y V A N A E C O Y U U B B A
T L P O O L A K E E T L O G
Q Y A J S P S I D B U U O H
H O L M A R K E R E P E K S
S S U F M E S M B L L J N H
I R A I R H G O R L E A L I
F R A P O E N N R O E Y M R
R V Y E P N T S A J F O E T
E E S N E H D T A R O I C G
T L W T C R I E U D D F N P
A V H O I Y R R E B N Y V U
W E A B L A N K E T R E H R
D T L Q S F V N P A N T S L
V D E C L Q Q I C S K C O S

Often Blue

B A R G A I N B A N K L U B
U P E R C E N T H R I F T Y
D G C B O N D S N I O C J F
G N E A E U C H E T A B E R
E I I L V Z L A Y A W A Y U
T V P A R W C O U P O N W G
C A T N E M E T A T S F A A
P S S C S C R I M P I N G L
R T A E N E N T U N D O Y R
U O K C O T S A A E S H N E
D L T I C E A N R R A A A W
E L R I R C C S E A L G P A
N A K E N E H N S P E G M R
T L T I S O P E D E X L O D
I N C O M E M S A R T E C S
I N V E S T N A L P U S E D

Money Management

D C K L N O C G F E E R L D
S N R E T R E A T I G N R I
E S A F U N D N A L S I S M
V E H S N O R K E L N H W U
A A S E O N A C J K W P I H
W S T H C A E B S X A L M E
A H A Q O O T I U Q S O M A
T E N A C I R R U H A D I T
E L S E L P P A E N I P N M
R L U I A P M E O M L H G B
E S N P D A T O W A B F R A
G T A O R A G A G I O N E N
G Y O I M A R E H T A E W A
A F N I L M V A C A T I O N
E E L O T I O N P I S U L A
Z C O R A L S C R N S P F E

Tropical Escape

K C A P N O I T A M R O F P
H E L M E T R I S K E W D Y
M I L I T A R Y R S C T E O
T I U S I C L E U J R F A L
S S E N R A H O U O E I T P
A M I A N T R M P A A R H E
F N F D A E P S R F T E A D
G T I E G M E U E L I F I U
H N W N A M I Q X Y O I R T
G B A S E J U M P I N G B I
I D T R D I V E R N A H O T
H E T R P E D I L G L T R L
R X O M D R O P Z O N E N A
E C E A T M O S P H E R E U
D N I W R O T C U R T S N I
T H G I L F H E I G H T B R

Skydiving

H A R D K I N D L Y D A E R
U G R I T Z Y C Q U I E T X
N E T I L O P U R P L E U J
G N I R E M M I L G O O E Y
R T S U O I R E T S Y M M R
Y L L U X U R I O U S N A E
D E R O B T B S J Y E S G V
D I F F I C U L T C O Y N E
E B F A M O U S E F G L I L
L O P V I F A S T S N L F C
A U L R Y T S I M X O E I I
U N U P E A C E F U L M C N
Q C S D R A W K W A C S E A
E Y H Y T R E W A R D I N G
N I N C A N D E S C E N T R
U Y L E V O L A I V O J P O

All Adjectives

S E S R O H A E S D F I S H
T U R T L E S P E B B L E S
E D E C O R A T I O N Y L B
N W N P I H S E R F E S B U
G R A V E L T M E S G T R B
M T E T R A E P Z P O I A B
A E L V E W R E I M R K M L
R R C R O R I R N U T T U E
I E A D U C L A O P I S I S
N T C O N D I T I O N E R S
E L R S H I Z U E T E T A A
M I Y T C L E R D L J R U L
O F L A A H R E T A E H Q G
L J I N O C S D I S P L A Y
L J C D L I G H T S G O R F
Y P P U G C O O L I N G S T

Aquarium Tanks

G S C H E D U L E H C N U L
N A H D M E E T I N G S C E
I R A C O D D R I V I N G V
K N U G S M E A B I L L S A
R A F A E U E N E M I T P D
A I F S X F P S T S J P P E
P R E S C R I P T I O N S L
H A U T U G R O L I S Q N I
A N R A R R T R N I C T R V
R I I T S O B T U U E I U E
M R N I I C M A L L R S T R
A E G O O E E T N U A J E Y
C T I N N R P I C K U P R P
Y E F T O I D O C T O R D O
O V T T X E S N A C K S V H
S Y S U E S A H C R U P D S

Run Some Errands

S E T O N R E H E A R S E O
P T M S T A L K Y T O P I C
R D R S D G E S T U R E S E
E H O U I K L M I H U E P R
P C F C C B O E R E M C L E
A R N S T T Q M B T O H A M
R U I I I P U O E A T P T O
E H L D O I E R L B I O F N
D C G A N N N I E E V L O I
A I N L I T C Z C D A I R A
U R I E T R E E G A T T M L
S O T C I O E A V U E I C I
R T E T C D I T C E E C H G
E E E U K U U O A H N S A H
P H M R E C L A C M Q T T T
H R E E T E S U A L P P A S

Oratory

S I E F J G T L I U Q P C M
V A O U E G E E D J K L I M
A O U R Z N X T K U L S D O
D R I N N I C A S C V J E L
G F B A A R J O H T A E R B
L L L C A P T C L C O J T A
O F A E D S V G U O K V A V
V L N P G E U Z D F R F E W
E M K U R N Z F C F Y S H T
S R E P P I L S R E W O H S
O D T P C H O W D E R Q E S
C B U Y S S E C W Q N L L N
K O A T A N I M A L S N L W
S H O T T U B G K T A H I O
W O O L H S U M M E R H R D
B X X R Y M Y C P A Z T G N

Nice and Warm

R A P U N Z E L A C I G A M
N E R D L I H C S P E L L B
U D H Y W L A N O I T C I F
B R O T H E R S G R I M M O
M A E U O M M N O T H S N L
U G H A J M I O N S W F O K
H O M E D K D A N D W R I L
T N O B R I M O I G O A T O
M S R G A O N S G G N W A R
O Y A N R P N G I Y S D N E
T S L I T E R A T U R E I G
H A P P Y E N D I N G I G O
S T N E M T N A H C N E A R
D N S E S S E C N I R P M F
I A A L L E R E D N I C I O
K F U S R E T C A R A H C Z

Fantastic Stories

D V Y N O A W Y Q T X B G J
Q T C Z B H B E Y C W M W F
V Y L B E L P W K J L A L U
P K P I C S C S K K E O J M
A U K J S A G T Z V I M F F
B E L U K D J H F A W T Q F
X D Z W Z A Y K K K D R V I
L S K K D T G W D R M P K I
Q B H I E E V M D S Q E E W
T C K W H B D R K F K R B X
X O K L C G Z T S W B W H Q
T M D Y N U A K B G D G O A
O T W H Q D K M I D K K B G
X R C B W A K O D Y W Y K Z
S D P G T H K T U S W V I I
W K Y N Q V B R D K F E H N

TV Stations

T B C W Q C R E A M O I S T
E U S H O T L E S U E R T S
E T P F E F L E H S S O K U
W T F Y M F T C A S A L L R
S E U P P S A M O S I D H C
E R R R A N O N T M C N A B
D H U V N S B E A R C L A W
L E O O A O R K O I Z M T D
X R L M D P V I R O L L M F
Y I F L A Y S E N F I A I R
S O A S I S P E R Q C S T U
Z U T E A F Z E B A K E D I
R R G N L O S T R U D E L T
Y G T A R H O O L L Y H P R
S O K F R G N I C I A I R A
H Y T S A T O R T E E B K T

Pastry Chef

S T R O P S D I K E Z Q I K
N L K Y T I S O R E N E G L
F E L D O O F R J C N U F U
F I R L P A T E R N A L J N
T A S D A S U H P A R T Y C
C T N H L C I T G R I L L H
E A T D I I B A R B E Q U E
P P A N Z N H F A M I L Y R
S D V T A O G C I E K A C I
E N C O U R A G E M E N T S
R A A O G T U P R E P L E H
E R N L O C I A L R O N O H
N G N S L E E E T U B I R T
N C U F F L I N K S L E E P
I Y A L P E T A R B E L E C
D L L R S S E N T A E R G T

Celebrating Father's Day

U W T U M M Y D A O R T L G
M L Z T Z E D N U O R G K J
K C I W N I O C R A M I Q H
E L S O F T D R I N K D A T
E P M D F I I L S S A L G H
R A T N E M E V A P T E Y S
Y N A I H R U W A M L N R T
L C X W D B E N C H A A O
S A R V R F W C I H I P T N
C K D A P E S U O M S R C E
R E Z A C S T R U G U A E T
L F P I R K I S D H R L J A
P E S K O Z E D O R F O A R
R U O T O H P R J P A S R Y
M O A N L E G A P A C O T T
B R O O F X D C S A E S B A

It's Flat

F A M O U S Y H T L A E W S
R G N I V I R H T S E B X K
U N O T A B L E E R G E D I
I J T R E P X E T Y K C U L
T O E L B A R O V A F D A L
F B W I N O I P M A H C Y E
U O O A P R E S P E C T E D
L G R A D U A T I O N O T E
U N T T F M I A M L S P E T
F I H T U F I P D E D U L N
R D Y A H N L R C V R L P E
E R E I P I A U E C A E M L
W A N N S P R T E D W N O A
O W O H A E Y E E N A T C T
P E M D O M I N A N T C A E
P R E S T I G E V E I H C A

Accomplished

R U F Q O F V B A F L O U R
A M A R S H M A L L O W A E
E C N E F T E K C I P B E Y
W P P S N E N I L E B D U E
R D S A Y H L N G I E U S S
E L D U P E X G T O U L S R
D P I S G E K S D Z E A I S
N E A L N A R O J G L C T C
U A P E Y O R D N B E V S N
E R E C S A W A I A E V O D
S L R O N W N N D W I O H W
K S S T Y R O F O A M P G A
C O Z T F S I L S S E R D L
O D U O L C T K L I M R Q L
S W A N S Q O P A I N T B R
T O W E L K L A H C P V Q E

Often White

A	P	H	E	R	O	I	C	I	R	B	A	F	M
T	A	P	L	A	S	T	I	C	A	T	C	T	A
O	N	A	C	I	M	H	T	Y	H	R	E	E	J
M	I	C	I	R	T	C	E	L	E	R	C	C	E
I	C	I	B	U	C	I	E	M	R	I	I	O	S
C	I	F	F	A	R	T	U	I	L	T	F	N	T
A	T	I	M	I	I	S	F	O	A	M	R	O	I
T	O	C	E	C	I	I	H	M	E	M	A	M	C
T	X	E	T	C	C	T	A	C	C	A	N	I	I
I	E	P	A	K	A	R	H	I	I	G	T	C	R
C	C	S	L	C	D	A	T	P	N	N	I	I	O
I	I	C	L	M	N	S	O	H	A	E	C	S	T
L	T	N	I	I	A	E	R	G	C	T	I	S	S
B	A	I	C	L	T	G	I	V	L	I	S	A	I
U	T	Z	E	I	R	G	I	L	O	C	A	L	H
P	S	D	C	I	P	O	T	C	V	K	B	C	Y

C at End

Y	S	U	N	I	T	E	D	S	T	A	T	E	S
M	N	S	S	Z	G	R	E	E	N	B	A	C	K
O	I	D	E	N	O	M	I	N	A	T	I	O	N
N	O	I	T	A	L	F	N	I	E	T	O	N	A
O	C	C	A	S	H	U	S	H	Y	K	C	U	B
C	U	R	R	E	N	C	Y	C	O	T	T	O	N
E	O	N	E	D	O	L	L	A	R	B	I	L	L
N	S	U	G	Y	E	N	O	M	R	E	P	A	P
O	Y	E	N	T	J	E	L	G	N	I	S	G	Z
S	R	U	A	T	N	E	M	N	R	E	V	O	G
R	U	L	H	G	E	I	L	I	N	C	O	L	N
E	S	A	C	Q	L	R	M	D	E	B	T	D	D
F	A	V	X	A	U	E	F	N	P	U	B	Z	N
F	E	D	E	R	A	L	R	E	S	E	R	V	E
E	R	S	E	N	G	R	A	V	I	N	G	O	P
J	T	P	R	E	S	I	D	E	N	T	S	J	S

The Buck Stops Here

E	C	N	A	D	E	M	O	C	L	E	W	N	U
M	J	W	E	H	R	A	L	E	B	I	C	E	D
I	O	C	S	I	D	R	C	O	L	L	E	G	E
C	Z	Z	A	J	G	C	T	E	C	H	N	O	A
R	O	V	E	R	W	H	E	L	M	I	N	G	F
O	G	R	U	D	E	I	B	P	P	N	A	U	E
P	X	E	Z	R	G	N	E	O	A	O	M	S	N
H	O	S	S	U	N	G	A	L	R	I	P	U	I
O	B	O	U	M	I	B	T	I	T	S	L	O	N
N	M	U	O	S	Y	A	S	C	Y	E	I	I	G
E	O	N	R	C	O	N	C	E	R	T	F	R	C
M	O	D	O	I	N	D	U	S	T	R	I	A	L
U	B	I	M	G	N	I	S	L	U	P	E	O	U
L	T	N	A	S	A	E	L	P	N	U	R	R	B
O	L	G	L	S	G	U	L	P	R	A	E	P	T
V	R	O	C	K	O	B	N	O	X	I	O	U	S

Noisy Music

T	C	E	R	I	D	E	T	D	N	F	L	S	R
N	P	T	H	E	L	C	E	U	R	U	E	S	E
E	A	S	R	Y	U	I	R	I	F	J	D	C	H
D	T	I	T	R	F	T	E	S	E	I	I	S	T
U	R	S	T	I	U	N	S	G	S	T	U	S	A
T	O	S	L	R	D	E	A	C	C	R	G	U	F
S	N	A	I	S	C	R	I	A	E	E	P	C	E
I	U	N	W	C	U	P	R	M	G	T	R	S	D
Q	G	L	U	O	L	P	P	D	R	P	O	I	U
E	H	S	C	E	L	A	E	A	L	E	G	D	C
X	X	N	D	I	T	L	D	R	L	E	R	O	A
P	E	O	P	H	W	I	O	D	V	R	A	L	T
E	M	U	E	O	T	S	E	F	I	I	M	D	O
R	P	T	N	I	P	R	O	F	E	S	S	O	R
T	I	K	O	Y	R	O	L	E	S	N	U	O	C
C	O	N	F	I	D	A	N	T	U	T	O	R	R

Guides

Costly

Water Balloon Fight

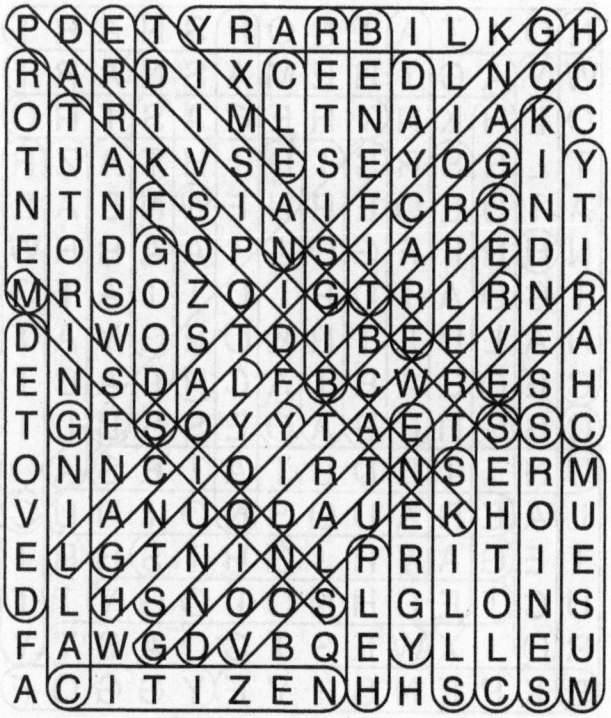

Helping Out

Keepsakes

E X T H G I N S R A T S P B
D N G B E A U T Y E O W H C
U E O X Y G E N T X M O O N
T G D N I W R A L O S L T O
I O D W S G N I R N L G O I
T R E A E I B L N I S S N T
A T S D M R D L S U C T S A
L I S U I I Y I U Q I E T V
H N L G S K O R C E E N E R
G L H P S N N B I K N A L E
I T L A I P A R T I C L E S
H A H D O Y G R E N E P S B
Y T T A N E M O N E H P C O
D E R N S P L I G H T Z O K
J C O A U R O R A E C A P S
S T N C E A T O M S H U E S

Aurora Borealis

I L A E L T O T S I R A O C
H N Y D E N N E K S M N D H
T O J I A T V C R N A I N O
U T W S Z M A N A O H L A P
R G K O D R N I P W A E R I
E N X N N O G R A W R C B N
B I D T A C O P S H B W R O
A H R R N K G W O I A A A S
B S E U O E H R R T L L D R
S A L M C F V M C E R T P E
I W T A D E Y O A A G D I F
V W O N M L I T H D E I T F
L I N C O L N R T T O S T E
E I N S T E I N A E E N A J
A R M S T R O N G M B E N R
B U S H E M I N G W A Y B A

Notable People

S M T P I H S R E B M E M Y
L O C A L Y S E S S A L C W
O V S U M M E R C A M P N C
O E Y Y J C C L G D P O U A
P M X O O A U N I R I E F T
P E I E M B I R O T E P H J
U N K P R D E G A D G E V F
O T I P L C R Z U N Y G O A
R N O I T A I C O S S A L M
G U U O M N A S Y L S L U I
I B R S A T P L E H E L N L
R P P G I C O M M U N I T Y
L G R O D S P I R I T V E D
S O N E R D L I H C I Z E O
I A D U L T S D I K F P R B
L L A B T E K S A B M I N D

Visit the YMCA

N O I T A T R O P S N A R T
W Y A C I R E M A S N A R T
O L H K N T H E C A S T R O
T L S S R S T D I H T A Z R
A I U E O E R N F W N E A E
N H R K F G O A I A A R R W
I C D A I D P L C T I A T O
H A L U L I R K O E G Y A T
C E O Q A R I A C R L A C T
C B G H C B A O E S S B L I
U N I T E D S T A T E S A O
L A E R A U Q S N O I N U C
T E G A Y R I G H T S H R I
U C T E C H N O L O G Y T T
R O I X W E S T C O A S T Y
E X P E N S I V E Y G G O F

Around San Francisco

S N A L A S E R S L E D O M
T T E C H N O L O G Y D R S
B I L L I A R D S L D A E E
P B E T U H C A R A P T T M
G U C P O M Z I G P E E P A
R T T O K S B U L C F L O G
I T R T R A T I U G U E C P
L O O P I K A Y A K N V I R
L H N A S N O W M O B I L E
E T I L C A G D A R T S E T
H R C E L T E G D A G I H U
C U S T F A R C R E V O H P
S C I T O B O R Z E A N D M
R K F I G U R I N E E T T O
O S K I S C O O T E R N V C
P A N U A S U B M A R I N E

Fun Stuff

C W H R K A O J C H A I R H
B D O Z S P E N I P O K E R
Y R O O E C A F R U S E N G
V A R O D I I T A S I C N D
O U E V F R T N I K O I I B
E M C A O C O U C O N F D R
D M T L R U R O P I U F A G
I G A N M L Z V D L P O P M
S B N G A A X J H T O L C T
F L G I L R S K D L U N C H
I R U W D Q U N R E D O M G
L L L R U L U A A O F C F I
V E A A B O O T T F W A A N
G C R M R N A F E S S A L G
S E T H P L H E Y M E T A L
Z S O R F U R N I T U R E E

Terrific Tables

G G N I T E E R G F O O D V
R N O Y T R A D I T I O N A
A I F R L N Y P P A H N E C
N D F L A N E V W L E O R A
D N S A E N D M G A R S D T
M O P V M O U E E U I T L I
A B R I Y I O G N G T A I O
R S I R L T L A E H A L H N
E A N E I A Y I R T G G C T
N M G M M R B R A E E I N N
N T E I A B A R T R J A U E
I S G N F E B A I S I F R M
D I R I P L B M O O E T B U
Y R A S R E V I N N A C Y G
N H L C D C E A S T E R N R
D C S E S I R P R U S X M A

Family Togetherness

O I T A R E D N E L H R K Q
Y Y S E C U R I T Y I L C V
A J M J O N F I N A N C E T
P D O T N U O C C A S E H I
Q E R U S O L C E R O F C C
C U T N O I T A G I L B O I
R R G T L U A F E D V U P F
E C A S I L I E N S E D E E
D C G S D Y L G E W N G R D
I A E E A B T E O B C E S N
T R K N T A F L I Z Y T O O
E R O I I N F L A T I O N B
R E R S O K L O A N N U A L
M A B U N S E C U R E D L E
P R O B L E M O N E Y P C V
V S I S I R C R O T B E D Y

Money Owed

P A V E M E N T L E V A R G
U S S D B C C S S E N O T S
M N H K G A U Z Y G F N E K
I I S R I F R V E O E L P C
C A I H B N F K O M B L O O
E T F D A E S T E B A W R R
U N R I R V B C E N O H O S
G U A R S A E P R O F I C C
N O T T L H O D D A S S O R
O M S L D S S B L A P K N A
T B T A N N U C Y E O E C T
H R U H A U O Q A R G R R C
S I B P S E L I F L E S E H
U C B S P A L R U B E M T O
R K L A K L A W E D I S E J
B S E E R T C A R P E T P X

That's Rough

H R P N O I S I V E L E T M
M O T I O N P I C T U R E N
O O L P R O D U C E R S A K
V S T L N T P E O P L E O X
I E D S Y I S B U L C D A L
E V A R E W G T I O A R C O
S E M O A W O H E K R I T S
T L E T R W Y O T S S C R A
U T N C N L A H D L N H E N
D H I A R G E Y T H I U S G
I O C E Y A I S M L I F S E
O T V S T A R S L E A L E L
S E S R E T A E H T D E L E
B L E E M A F F O K L A W S
D O O H R O B H G I E N C G
J Y T I C A L I F O R N I A

Hollywood Life

Y R A T I L I M W A L K L A
S G N I K I H P M A C L N D
R U B B E R E P P I Z K M S
E M W C H A P S K S L E E H
D B A L X H G I H E E N K O
A O T O O B Y O B W O C S E
W O E T E G N I D I R P T S
D T R H Q J K E T W R E I O
U S P I U S L C S O H L L C
M T R N E O U L T R S Y E K
T E O G S R C E R K E T T S
A E O K T A C A A B C S T P
B L F S R T P T P O A Z O O
M T N M I S E H S O L A G I
O O Y V A R A E W T O O F N
C E E T N I A R P S G G U T

Footgear

G B M O U S E A S T E R S M
F J W N R O C I N U A A P M
V L K U O A H T I G E R E O
E B F I T E I C G A D B C O
G U B Y D A L E H R O E I S
F N S I S S D E A K G Z A E
F N E M T Y H G P Q I I L H
U Y Y O A T O Y S H R B S C
L D E N T N O A G P A T O T
F D N K E O D T U G F N F I
J E O E F N E S G N F E T T
K T T Y A H S U L P E S O S
L C T P I E H D I S N E Y F
L H U T R O F M O C L R S R
D E B D N E I R F H I P P O
F N N X D R L H M O G G B G

Stuffed Animal Collection

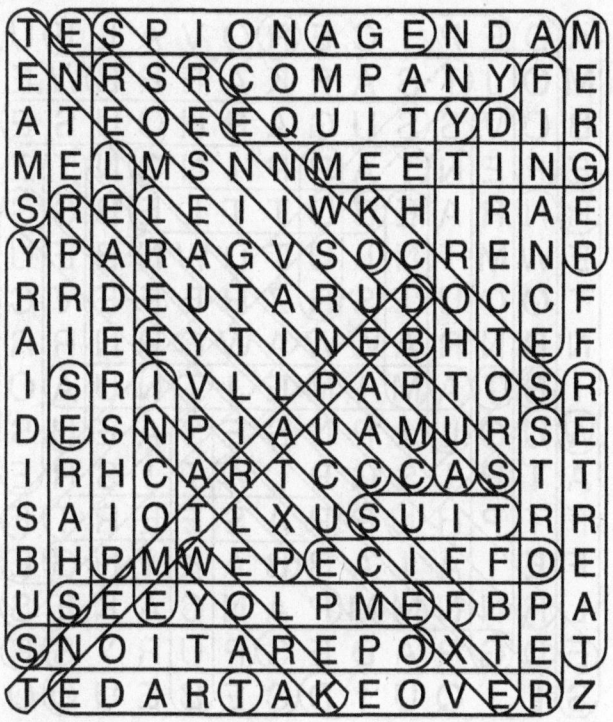

Big Business

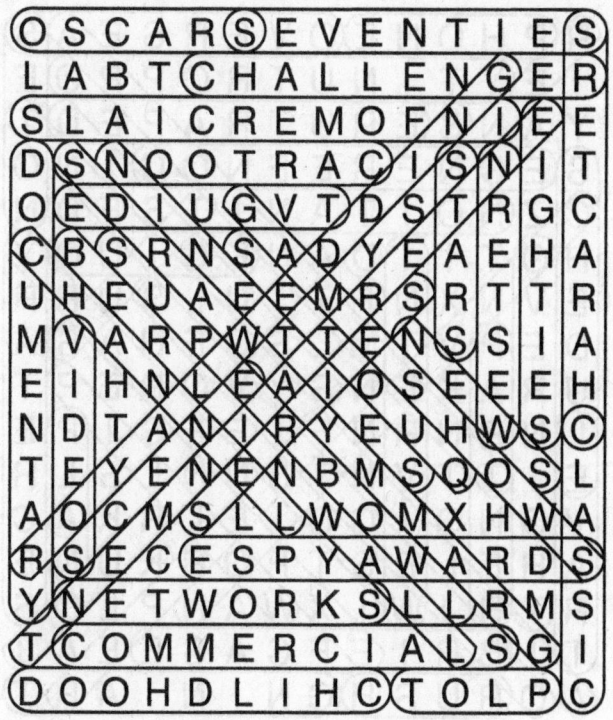

TV Through the Years

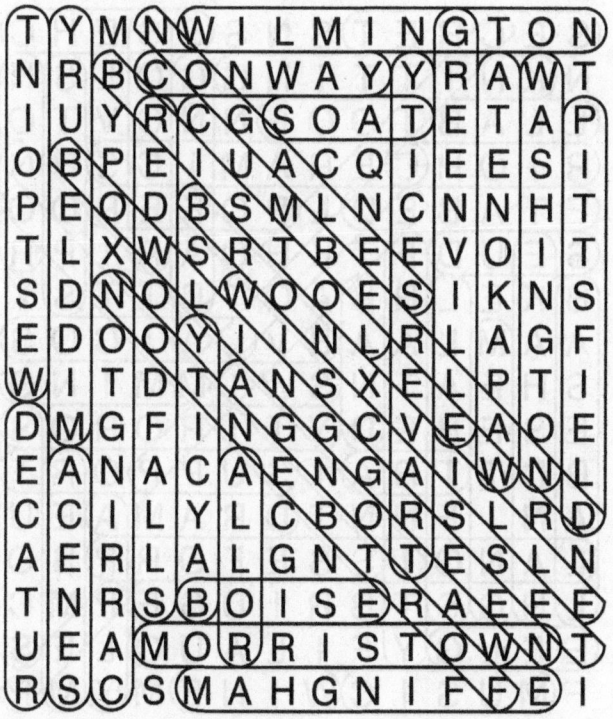

Place Names

Give a Gift

R P H O N E O V E R S E A S
I E Y T I N U T R O P P O E
Y A N S E R U T R A P E D T
S E C N E R E F N O C I N O
C Z N O I T A N I T S E D N
H O T I I D A N K C I U Q Y
E V N X N F T I U L S U R R
D E P V T M L S C E H A S A
U R A K E N S Y V O R E P T
L N R N R N E I E E S I P E
E I T T V N T S N N L S L R
V G N O I C D I E L R K A C
A H E L E S T P O R K U N E
R T R J W I X W A N P L O S
T I B R I E F C A S E E A J
A O R U S H G N I N I A R T

Work Travel

A D E P I C E R O V A L F U
M O J T S A F K A E R B W E
B O V S S U G A R H O U S E
E F E N T A P P I N G N T Z
R N R A E B O T T L E B S S
E W M T N L U T D W N B E U
T O O U I S R Z H E E E V C
N R N R A W W A W C R N R R
I B T A M I M E J T N U A O
W U O L I P N S E S A E H S
A T P I S G P L W T I S R E
F T P H L R P A S E E R T F
F E I A I A R B A K I N G E
L R N N M M M P A N C A K E S
E D G R A D E S P U R Y S R
S L I Q U I D C E B E U Q Q

Delicious Maple Syrup

A L A C R I T Y D O R A P T
L C I T A M G A R P G Y F C
O B C O N T I N U O U S U I
O A S O H S I B R U F E R D
F T N E M S S E S S A E T A
N M E E R M Y R I A D Z H R
S O N C C E O H A R D Y E T
U S I O N D N D O R C L R N
O P E T I E O D A Y D A M O
L H N O I T U T I T S N O C
U E G E I S A Q E P I A R B
C R C A N D O R E L I O E R
I E N A C R A P R S I T N A
T N E R E H O C M E N U Y Z
E S U O I V I L B O B O G E
M E L B I S U A L P C A C N

Vocabulary List

S E C R E T S N S S S E H C
N K N I T T I N G G O L S H
L L A B T O O F N N C V T O
R I O H C E R A M I C S R N
E T A B E D L P O K E R O O
S E U D F T K H O A R I P R
B K E L R B A O T B T T S X
A A M L A A B V L A I C O S
S H E A T N S W I M M I N G
E S E B E D Y T I R O R O S
B D T T R A I S U P P O R T
A N I F N N T D R A M A E U
L A N O I S S E F O R P B O
L H G S T B R I D G E P M C
E E L G Y F I L A U Q L E S
F M U S I C W I N E M Y M P

Clubs

D S T G Y E K C O H W O R K
N P L A M R O F L O G W P S
A R T G U E N M S A T I N K
H O A B B K C O T T O N R I
T T B K I I M T C U K T E B
M E U F L B B O N L P E H L
R C C I L I A R E A A R T A
A T S N I G S C L C G F A C
W I S G A A E Y B I N E E I
O O N E R R B C A G I V L D
N N E R D D A L S R X E Y E
S Q T S S E L E O U O N T M
X E T A L N L C P S B I E N
G N I T F I L A S P B N F E
I P M V I N Y L I Y A G A V
I P A I R G R E D L E W S O

Wear Gloves

P S T I S I V H I K E R T D
M I S S I O N A C L O V D A
T E C N E I R E P X E H L B
R E X E G R Z J U N G L E U
E T V P F E O C E A N W V C
S X S I E I S F A U I A A S
E G P A D D L I N G P N R T
D E G L G S I D U I M D T N
G O A N O N E T L R A E Z U
N C M S I R I I I C R K H
I A E S W K I F V O W L C P
T C S A A I A N R O N U L I
F H T F Q F M Y G U M S I H
A E T U H C A R A P S T M S
R U N N I N G R S K O O B Z
S S C A R Y K S I R O L A V

Daring Trips

D H S I D B A L S T E P S O
S F E I L E R E T N A L P H
S H O U S E R U T P L U C S
E C S R G R A V E S T O N E
D R T E K C O R D E B R D C
I O A I G J W F H C W N A A
M P T P N E B O J A A Y M L
E R U T I N R U F S L A O P
N R E G R Z D N I T L W N E
T E H T O B Z T L L E E U R
H T A P O P R A I E D V M I
W N M N L W R I S L G I E F
E U A I F U E N D T E R N W
L O S S T A I R S G O D T G
L C O A S T O N E H E N G E
C M N B E N C H B O R D E R

Using Stone

V H I L L Z F L A Y E R S S
Q P G Y C I H R C A S T L E
E T L S N O W B A L L E E R
A M O U N T A I N C G N N E
T C O S N O W M A N S E N D
S D L O C S W I A H O Z U W
N C I I E G E B N A U O T O
O T U G M H M O O T T R I P
W A A L I B C I H A E F U G
F O O T P R I N T S R R S L
A C F O R T F N A T W D W O
M B U I L D I N G L E O O V
I M D I G G I N G Y A N N E
L N M U S H I N G V R V S S
Y G N I B U T O B O G G A N
P M O T S L E D M U F F S Z

Snow Much Fun

Audiences

Travel Stops

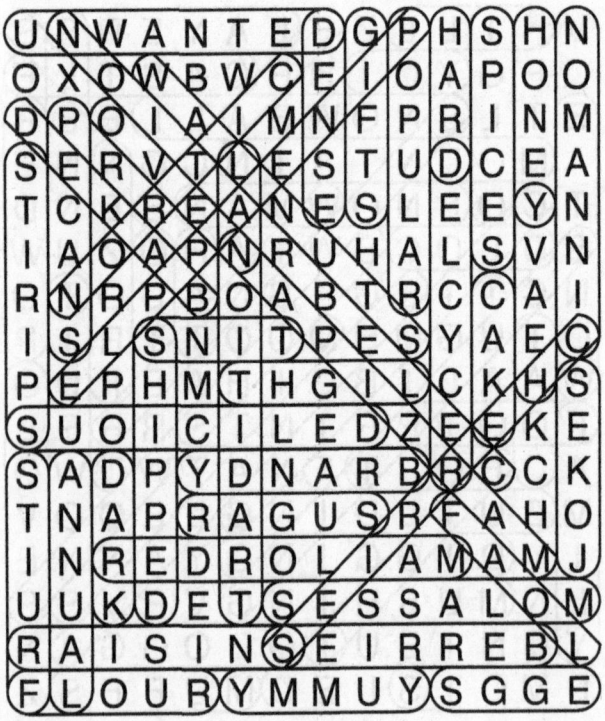

Yummy Fruitcakes

Subs

H E V P R A T E S N U S N S
M C A M P E R R W E F D D H
A M C T C S G U B G R N G I
O O A D V E N T U R E E H K
A O T R A N U A F I S K O E
M N I E S K A N R L H E S E
I L O L R H B F C L A E T F
W I N A J R M O E E I W S D
S G P X U O O A V C R N T O
G H S S A L E R L F A H O O
O T T Y E E E R Y L I B R F
L I A R T S B K O L O R I U
C U S S E N R E D L I W E N
S E E R T U S L E E P M S I
S O N G S O M R E H T X A Z
F I S H Y C S U N R I S E F

At the Campground

I L Q S L U S H Z T E W K G
C H S E N A L I Q S C L T R
U R Y S T R A C T I O N I E
R S A K I F U E R M N O R A
V F U S S C W B R I D G E S
E F R O H I N J U R I E S E
S V S A R W R T R E T A W N
O E I U I E W A R N I N G S
T N G S O N G O F R O Z E N
S V C U N D S N L T N S A O
A D F O V E R P A S S E S W
O D R L N D F A E D K K P W
C A O I S T R E Z E I A H J
C E S R V L R L D A D R A W
X U T E O E I O I G H B L I
J K Y P P M R P L O W S T T

Drive Carefully

S S E L E M I T S H I P T L
T N A E C O F L O W E R S E
U R E M O T E W A R M O I W
N Y G O R G E O U S F S R O
O A H C A E B N H S A P U T
C W P C L O U D N I N E O M
O A E Y R D T E O L T R T L
C T R L E D D R Q B A O E A
H E F E E E N L H S S U I C
D G E V F X D A U P Y S U W
N M C O A R R N L F A R Q A
A E T L Q M E D P Y Y L X V
L E K R O N S E A E R O M E
S V G N I S A E L P A I J S
I O I C O H N O I T A C A V
A C I L L Y D I D E A L E F

Utopia

Z R P A Z S Y B Q S Y T B E
O E E E T R U O F E L H N N
P W R T O A Q O F V P G M O
Q O C M S X D K I E I I T L
D P E A E I N K V N T E N A
K M N T S S G E E M L A A T
I D T H E S R E B M U N T O
E F D P H S R P R D M S N T
Q N L A T I C E T H C N U P
G U O R N X A R Y S S A O P
S D O G E E L T P F O A C G
O I H B R A C K E T S L C E
Y V C T A L U M R O F G A E
Z I S W P S L A M I C E D R
Z D C O M P U T E N I N X H
D E R A U Q S E R U G I F T

Calculator

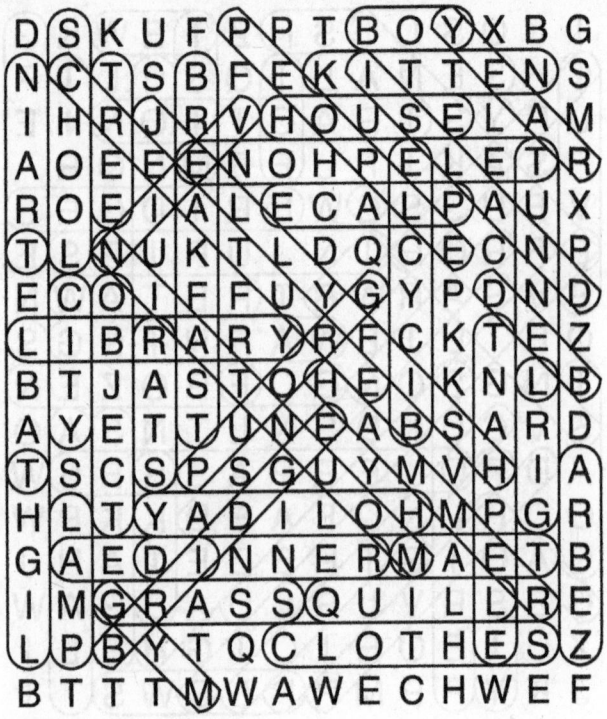

All Nouns

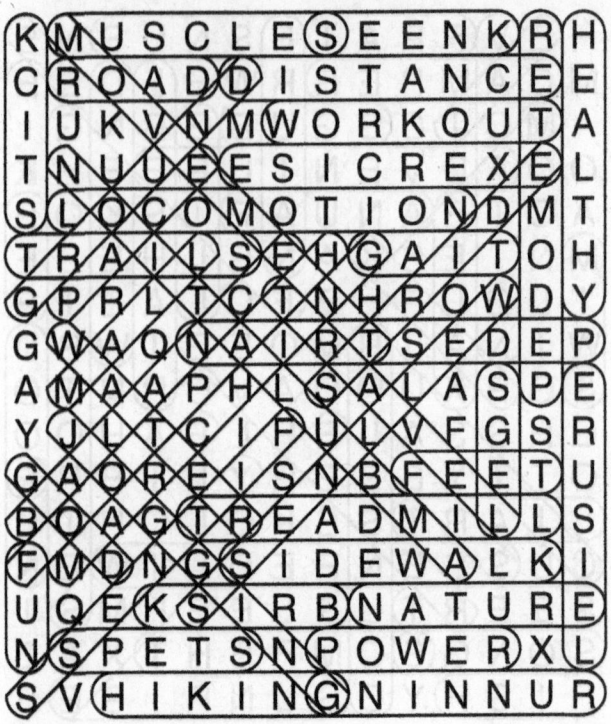

Walk with Me

Sleeping Bags

Very Unusual

E T G T T E S I C R E X E L
S E S E R N X U E L D E R G
T E L I X O A P O R P N I Y
A R N E X H P H R M V C P G
T R O T G E I X P E R L M R
E E L F R A D B E E S O E E
S T Y T F A N E I L L S N N
E N A B L E N T I T L E D E
X E S C A P E C R T G D A L
O D S S N T E E E N P G S P
T O E N R M M N A O E M S M
I L O E E O E H D R L C E A
C P P R T E C O N O M Y C X
L X G I X X W D E T I C X E
E E O U E N G L I S H D E G
D N E V E E X P E C T G K G

E Words

Q A B Q E J Y R I A H G Y R
A D U U C K U B U R E I S H
W X C W N T K M K C I K B F
Z E S I A I P N P H I G O B
E E T S D N O O S N I E V A
G S R S L A D N A S S L F L
H M A C N I R E S T R O L L
E E W C A O G L R O E H A I
I L E T C L N A Z O K C T A
E L R L N O L B M F A T D N
W Y P E D I C U R E E E I I
B V T N S N O J S R N R F A
T O E S E S S J K O S T P P
U T B O O T S Z C F S S A W
K E Z R H E C H O O F W T S
A H T E S P O R S Y S R A Z

Our Feet

J P M Y T L A N E P E F W L
A U D I B L E L D D U H H I
H G N I K C O L B M F A E N
D L E I F K C A B R L S L E
L U T E S C S L U F N E M M
E M H N S A E T T E G N E E
I P G O E B O I F A L I T N
F I I B N R M E M I L L R N
D R T H T E D M N K A E I U
I E T S I T I E C R B D H P
M V A I F R B I Y C T I S R
O I C W C A K C A S O S D I
T E K S C U R E D Z O N E G
I C L K O Q E E R E F E R H
O E E M I T R E V O N R U T
N R E N R U T E R P E E W S

Playing Football

R S C A G O Y L D I V E R T
S E M A G N I I K S A N E Y
U R C A M P I N G A U H N X
N E F L A A S H B I K I N G
N N Q R I G S P S L W K I S
Y I K F E N S S A I Z I D L
L T T G X I E C A N F N N E
O Y G N E T N R Q G E G X E
O M N I R A M O V I E X S P
P T I T C O L O R I N G S I
B R T S I L A F Y O J N E N
O O T E S F C R U I S I N G
O F I R E S I D E M U S I C
K M N D E H T O O S C O Z Y
X O K A E R B R E T R E A T
H C A E B P E A C E F U L H

Unwind

Y C N E G R E M E D O C E D
R S A O Y R O T S I H W E S
E N V L I C E N S E L P G R
C O I D A R R U E T A M A E
E I G A D O S N R E N E U B
I T A S E P H O T L O S G M
V A T H T E A I S E I S N U
E I I E L R D S I G T A A N
R V O S S A A S D R A G L U
H E N O I T A I V A N E S M
Y R D U G O K M G P R S R E
T B A N N R R S K H E I E R
H B E D A Y A N D I T S T A
M A R S L P M A E C N K T L
E T A L S N A R T W I R E S
A L P H A B E T A G N O L Y

Use Morse Code

M P H O C K E Y E S R E J W
U L S P O L I T I C I A N R
B A I C E L E B R I T Y H I
L Y R E D A R T U T S E E T
A B U Y B B O H E P U G R E
U I O N L T A I O L B O O K
C L L A L E C R A I H R P I
T L F I A K T V N T O T L D
I P A C B S O K U T D L A S
O F M I T A R A C N L R Y L
N O O S O B R E U A N A E T
G R U U O P L O B A K T R I
O G S M F L H E M A T S S C
L E N D O R S E M E N T A K
F R Q C F A K E R I M D T E
G Y X L B C O S I G N H A T

Autograph Collection

T Q D I U Q I L B A B Y J S
W I N E C I U J K C E N E O
D B S N T H O U S E H O L D
B I R T E U Q I T N A E O A
E S S E O K L I M V G I T K
E W P P A R O F E I L D I E
R M A R O K A R N R A E O T
E E K T A S A G B O S S N C
C S N C E Y E B E N S S R H
Y S I I W R B C L M N O E U
C A R H A E I O R E W B U P
L G D L T T R E T N F M S U
E E E C S U N C T T C E A R
B S H A M P O O S S L O B Y
A C L P K R P M C N E E L S
L P A I N T C L O S U R E A

Bottled

S H T N D U M B B E L L S P
P A R I Y G R E N E S J U H
E R O E Y N G Y M N S B P Y
C D P T H I S Q U U E O P S
I O S O T T N S S T R D L I
R E M R L F I D C R P Y E Q
T S N P A I M I U I H B M U
I R O N E L A O L T C U E E
W E I G H T T R A I N I N G
O V P N T H I E R O E L T S
R I M I W G V T O N B D S S
K N A X O I E S I C R E X E
O U H E R E N D L O N R A N
U R C L G W G N I N N A T T
T M D F C O N T E S T S Z I
S B A A P P E A R A N C E F

Bodybuilding Competition

G N I C N A D S G N Y C Y P
N O V E M B E R F N C H A O
C R O W D S P E U B O I D L
S S U A L C A T N A S L G I
A N N U A L R C S L T D N C
M A N H A T T A N L U R I E
T H E L I U M R O O M E V L
S N W O L C E A O O E N I E
I M A C Y S N H P N S S G B
R Y E K R U T C Y S H T S R
H E R A L D S Q U A R E K A
C E N T E R T A I N M E N T
E C N A M R O F R E P R A I
P A R A D E R O U T E T H O
J I S E T T E K C O R S T N
S D N A B G N I H C R A M X

Famous Parades

H P A R G K P O C K E T S H
R L K R O W E M O H S P G T
E E A C S O M E M G O A N A
F G D N L A R I P S O P I M
E A L U R A D O O D L E S D
R L R A C U S F S R K R U I
R P K L S A O S I O O F M A
S A O O O S T J T C O V E R
B D Y R O O I I I E B H T Y
I L D S G B H G O R H S H A
N L U C N A P C N N C I O S
D S T I I W N A S M T L U S
E A S E W E T I R W E G G E
R E N N A L P U Z C K N H T
Z D S C R I B B L E S E T O
L I N E D Z L E T T E R S N

Notebook

E V I N E R D L I H C U P L
O B A L L O O N W S Y S E T
W F G C B U C D I P T E R S
Z R S B A B I E S I C E A T
R U M S T T W B D H E D G E
K I T T E N E T O S S S L P
Y T A B G N P R M N N D D U
F F K H E I I O P O I U E P
W A L D V R S P I I J C E P
E W M O N S R T P T L K W Y
T N I I W E C Y A A S L E M
K N O W L E D G E L H I A D
Y W A P L I R R K E R N L R
X M O L D A E A A R U G T A
A E O D P B U S H G B C H E
P C H E R B W S R S D R I B

It's Growing

Y S T R O P S R I A B J G C
E S A E X T R E M E R U L L
M E E D U T I T L A E M I I
U N R S D U D E B K E P D F
A R O W A L G M J I Z I I F
E A B I N I E O T T E N N M
R H A N G G L I D E R G G O
O B T D E Z I R O T O M N U
D A I C R T F A R C R I A N
Y L C U T Y T V F L I G H T
N L S R E D I L G A R A P A
A A I R F R A M E N A L P I
M S Z E X P E R I E N C E N
I T U N P O W E R E D Y K S
C O N T R O L F R A M E F W
S L A M R E H T F A R D P U

Hang Gliding Adventure

S E M A G I N V E N T O R J
L S F R A G R A N C E Y S E
R R P E R F U M E T R E T A
E O J A C K E T S T U E E N
N I F A B R I C S Q T N S S
N R T S K H O U I L I G F C
A E P A C S D N A L N I A I
L T R R T N U I I I R N S H
P N A U I O R P G G U E H P
A I M W T E R A N M F E I A
I E E H T P K I R C J R O R
N B O A D C L I G H T I N G
T M M N A E M U S I C I A N
E I U P B A G S C E N E R Y
R O T A E R C V I S U A L I
S C L U T C H S E H T O L C

Design Work

B O N O I T A R B E L E C C
M M B U S I N E S S H E L A
H E L P W A N T E D Q R A L
E M S O K R O W T R A U S E
L D A S O S U P M A C H S N
P R E E A H N X M X N C R D
L A T L P G C B T U I O O A
I O D R A C E S M Y P R O R
N B N V P S M B T P M B M E
E K G G E A E I O I F F M M
I R I T R R N G T A O G A I
T O S K S U T O A U R P T N
E C E R M O R I N R S D E D
M R D M Z Y L D S N A L P E
S F O R H I R E F E L G I R
H C R E A T I V E E E R F B

Bulletin Board

D Y B E D A M B U L A N C E
I C N A C S S E N L L I T V
S N O E G R U S T N T R E R
C E S O N G A I D E A E C E
H G I G O W N C H N I C H S
A R Q R I M L T S E R O N B
R E M H T E S F D O E V I O
G M F D A E U A O V T E C P
E E R N N S L M C I E R I E
T S I A I E M I T S F Y A R
A L E O M E M L O I A E N A
C A N Y A T S Y R T C J E T
I T D L X S R E W O L F E E
D I S D E L I V E R Y S D I
E V I T I S O P Y S T Z L U
M O N I T O R I A P E R E Q

In the Hospital

M D A N C E G R O F M F S G
U E T A E R C T H E A T E R
S S V R C H O I L I C N E P
I I S V I S I O N R E D O M
C G K S E T A C I R B A F T
A N E F U P T I A R T R O P
S L T A E L A T N E M G I P
T A C S T V E C A R V E N P
P T H H A E I T S E A O L E
X I C I R Y Y R S D Y A C E
L G A O O E R U T A N G I S
A I N N C I T E R N P A C O
R D V W E N E C L O O U L P
U D A O D K O K F L L C A M
M O S A I C P C A P A O Y O
M H K T N E L A T M S G C C

Being Creative

C M N S S G U B K O C T Y L
M A R B N R A N R P L R R M
A C E O O S R O O E A O A T
I H D J I E Q I W R S U N H
N I O C T G I T T A S B I A
T N M D A A N A E T C L B R
A E C E C U T M N I I E D D
I D O V I G E R G N T S E W
N O M E L N L O I G A H B A
O C P L P A L F N S M O U R
I E U O P L I N E Y E O G E
T C T P A O G I E S H T G E
C R E M M B E N R T T I I R
N U R E K O N P I E A N N A
U O S N Z C C U N M M G G C
F S A T A D E T G N I D O C

Programming Computers

L D E V E L O P R O T E C T
U U T N A S A E L P D Z T A
F W F Z C M O T H E R A C L
D A H P D O L O V I N G U K
N R E N L B U O H T W O R G
I M A C B E T R E D N E T E
M R C I T E H T A P M Y S L
G A O T D D N I K G F O N D
E I M E L T N E G X E K I D
T S F H U P L I F T I N G A
A I O T N G N I D I U G F W
C N R A C J M D I S C U S S
U G T P L I S T E N R I C H
D D I M E P L A N R E T A M
E C N E U L F N I Y P F G L
U D G N I R A E R E H T A F

Caring People

K O M O D O O C A S T L E R
R I A L U C S N C T X L V U
O P G P N H C D A B E H I X
W H I R G I A I V G A E L D
E B C I E N L S E R P E N T
G D B N O A E N R M F L W H
U P T C N Q D Y E A B H R G
H T E E T J P D N L E N E I
A F B S N O I T I D A R T N
K I K S T E A Z A E S W S K
G E S T V S A N P K T I N L
W G E A Y R G O O N Z A O D
D R L F D E R O A E P B M B
R A E F R U B I X A M Q Y X
P L L U E L G J J Y A L S W
T Y S P D R O W S G N I W G

Legendary Dragons

C L T V V A R I A T I O N H
N S E R U T A E F Z I X V E
U N D E R S T A N D I N G G
C O C H A N G E S L L E C G
L I Y T I D E R E H T A F N
E T S O V M N H E I G H T I
O A E M O N E G N A M U H R
T T M Y B L T S T N E R A P
I U O L B D I S O R D E R S
D M S U R E C E S S I V E F
E Y O S D I C A O N I M A F
S D M S E V O L U T I O N O
P O O Z V H D O M I N A N T
E B R U E Y E C O L O R N A
R P H E N O T Y P E O P L E
M E C N A T I R E H N I Y U

Genetic Information

T R A N S P O R T A T I O N
R A D I O L G E V P I R T C
O Y V X L O C A T I O N P C
P E G A E L I M E T E R A A
S N C T B L O N D O N B S B
N O I T A N I T S E D E S B
A M E B C L E U F R I T E I
R P L C W L X P I T R A N E
T E C C O H P V I E P R G N
C C I A L I E C E U E A E I
I N H T L R N T K D L W R W
L A E C E E S C I F Y M S P
B T V H Y A I R P O R T S Z
U S A G H P V S R E V I R D
P I W F A R E K L I G H T T
L D C I F F A R T R A V E L

Call a Cab

B S L A E P P A E L P E Y F
E R E P O R T E R H G T O L
N O C S E G A M A D L B A A
C T T P E Z I N U I S E E G
H A E I E A D J U E S V C A
A T R D L C E G R A H C N V
M C N C U A D V O C A T E E
B E C F O V E R R U L E D L
E P F U A R G U M E N T I D
R S D X S U B P O E N A V B
S U E P L A I N T I F F E I
E S F N O I T C E J B O X B
T N E C O N N I R E Y W A L
O B N E N O H P O R C I M E
N A S R I A H C G N I L U R
Y R E L L A G R E C O R D I

Courtroom Drama

C L E G N A H C S L E E P U
N O O N R E T F A M U V R Y
I O S M I F V D I S H E S R
G H I M U T H I N K G N M A
H C D T E N U Y R U U I I I
T S C B A T D O L D K N L D
S S A A M S I A R I M G E K
E O L K M H R C N J A Z S C
R L E E O L G E S E I D I A
H F N V Y A B U V N G Z C N
K F D E O D O R A N T C R S
L P A R F A T G I L O E E C
A M R Y T A R N U M W C X O
T S U D E O R N M O F A E O
C T I A N O C O H W O R K K
P L A Y M H N S H A V E N E

Routines

Y A R T S U D K E W R Y B E
T E N N I S L R C E M E N T
C Y I E X A A E P I W L V I
H T A M W S T L P G U L B R
B L U E E T E A C H B O L W
L P D V D S R S I T Y W E S
G I R A R U O C A L C I T E
S R A P I B C Y L I O I S N
Q G W K V S K A S F L R A I
W H I T E T T P T T O A P L
S D N W W A L X I I R E U Q
S O I A A N O K C N O G R G
D N F R Y C I N K G K N P I
G W E T N E M I D E S A L R
K D P L F I P O W D E R E L
W C D W A B A S C H O O L J

Chalk Everywhere

H A U T E C O U T U R E P K
P R U T E L E V I S I O N P
T Y R A B A N K S A P O R H
K T A L L U F I T U A E B E
S B R A N D S T L I T H S I
S W O H S I R A P T F C T D
D R O F W A R C Y D N I C I
E M A F C S L E B A L R A K
D I E T Z C O V E R G I R L
A V I D Z H Y A W N U R T U
R V S N G I A P M A C X N M
E L Y T S F A S H I O N O G
E U G O V F K L A W T A C N
R E V O C E N I Z A G A M U
A E N D O R S E M E N T S O
C M F S R E N G I S E D J Y

Famous Models

Y T J D U S Y N I T S E D Y
E H A U H S O J T R E B O R
N O S Y S D Y P O E L L A O
D M O R N T L L H F N U A L
Y A N A O L I A G I B A C Y
S S R H S V M N C N A A I A
W B M C I M E H A N M M S T
S I E A L K O T W E L I S W
L N L Z L L A R R J E C E S
E I O L A L A O G K O H J H
H C Y S I N N U U A T A P N
C O B E I A T L R T N E P A
A L Y H L D M H A E S L L H
R E T N U H A M O O N Y Z T
V L E U M A S M J N A N N A
N H O J O R D A N K Y K Y N

First Names

S C N C T W I L I G H T F B
L A O R R C B H S R S R R U
A R V U A A L E K E E S E F
Y M E C N S O A O K I U G F
E I L I S T O R O A V N N Y
R L T F Y L D T B T O L U T
N L L I L E S R C S M I H R
O A O X V M U E A B U G E U
S H S K A C C T P C I H H E
F E T R N U K N E N U T T B
E L B A I L I U T S U L E L
R L O D A T N H T A E D A O
A S Y I S O G U L A L E B O
T I S G N I S L E H N A V D
U N D E R W O R L D E V I L
K G N F S E R I P M A V V Q

Scary Tales

S E L A N U S H A V E I S O
T K O S U T M U Y B V X L G
X C L W R C H E P Y N K N V
J F M A T W K N M M T G U H
A S I E W R Y L U A N K L E
L N W B U R O S J I E I F E
R A S T U N C P C J M F O L
C E M J G L P N P B G R O O
Y J N B E G A P O U E I T P
B I E O Y D N L F I S A A P
K F R S D T T T L L T H N P
I N V O Y N S F A E A C N I
F W E R E T E C P B T C E K
U O V E A M K T H I L A D S
F E U N U S M O O T H E P N
E T D R Z L E J P R A N S Q

About Legs

F M S F S T N E M A L I F J
I E O T A R O T P P A O D O
S T L I G A P N O O N H A U
S H A U L N E E T W G M M L
I A R C A S N R E E L G U E
O N E R R F O R N R E N E C
N O N I U O S U T O Y I L R
E L E C T R I C I T Y N O U
G K W R A M D C A A K T R D
O E A A N E E I L L C H T E
R R B E E R S T U U O G E O
D O L L G L A E D S H I P I
Y S E C R A M N M N S L Y L
H E C U A O O I D I R E C T
T N F N H C H K B A R R E L
L E U F C I T E H T N Y S O

Lots of Energy

F U M U S I C F E A T U R E
O K R O W T E N V A P T H N
R L N L R N G E I I R G A T
M A O A R N N V N N O E U E
A T I I E D I E T O D P D R
T R T C P E M N A C U U I T
H E O R O B M T G R C B O A
E Q M E R A A S E A E L S I
A U O M T T R W T M R I H N
T E R M I E G I E V J C O T
E S P O N S O R S H I P C E
R T G C G N R E L L A C K R
C S K N A R P L A U G H J V
C C O L L E G E R A D I O I
C I F F A R T S A D V I C E
W E A T H E R S L I V E K W

Radio Listening

B P E W Y D N E R T I E O W
Z R O S I L K W E D D I N G
T O P C O A T D R E S S C N
L M K L U X U R I O U S W I
N E S R E F A O L R H V S N
Y W S E E C F T N A G E L E
V T O N X P A L W Q O X A V
J C A G I Q P L I H U P I E
C E H I L U U A S N G E C S
S F W S L A Q I D C K N E T
V L U E I C M E S H G S P T
E P E D L L O R S I X I S U
L A P E L S Y A O F T V U X
V R T A H P O T T F L E I E
E T B F R I L L S O J V T D
T Y B D D U V A Z N A G R O

Dressing Up

I W P I C K L E N Y X W Z W
A G L I B H G T J J L H O Z
L Y A U U R I M W M I O K T
E S S N U G E A E M D P N X
F N T I H D R W U R O W T W
G N I T N E M R E F O C T A
Z N C W H O E O J R F T N Z
J Q I O Y P B K B S Y W S S
J Q U G O K S R O V A L F H
E S H O A A M O U N T W X I
E K C O C W O L L O H O O P
T K N T P W I N E L B S A G
A J A O B O L G G S O R I B
R P R N I A R Q E U S R E F
C K X L K A M I O K L E U F
T X D I L R F Z P O R R V B

Barrels

K D R E V I V A L A T E W C
I C O N I C D A N C E N I S
R E C A L L X O G T O Y S E
C D I S C O S D C E I A T D
I E I G H T I E S I D Q F A
D A L U A H S T P A S T U C
E N R L R I V H P N S U L E
V C G T E N C R W O E C M D
O I F S S G I O B I I U O A
C E O E E M R W Y H T L V T
A N R I I E O B G S F T I E
T T T T R L T A O A I U E D
I A I X O Y S C N F F R N N
V V E I M T I K E T H E M E
E D S S E S H T R E N D L O
A O U T M O D E D E S I G N

Reminiscent

M H R E P O R P M Y C N A F
B O Z M D E P U S O H W M L
E T N M D E O L L T A E R A
L O C A R R I A G E R T E I
L I E N R P S F F M M T T R
E L N N P C E F I T I E H T
A Q P E E L H F Z N N U G D
R S R R A V C Y H A G Q U N
A S E S H G I L C G O I A A
I E T U C X E R N E O T D W
T R T O I I O O D L D E V E
R D Y M R W R S L E W E J D
O E T A N T D A D M I R E D
Y I G F S P C A S T L E E I
A G F A I R Y S S A L C M N
L A D Y L G O W N S L R I G

Princess

F L A S H T H G I L N U S E
H T P E D P N R O L O C G V
B L G N I G N E L L A H C I
E A S E V A C H M S S L L S
F C C S E A Q P E P N H E N
I I O K R P R A E G I O A E
L P R C S I E R L M H U R P
D O A E N C T G U A P S Q X
L R L R O T A O F R L I G E
I T R W R U W T I I O N N R
W N E P K R R O T N D G I U
H A E I E E E H U E T S M S
A T F H L S D P A L R B M O
L U S S I W N U E I A O I P
E R V I N E U L B F Y A W X
S E O F G C U R R E N T S E

Pictures Underwater

B U N K Q F O R E I G N C U
E R S D N E I R F E R A H S
R O W F R U O T B U D G E T
U O E Z I L A I C O S U A O
C M X L P C U L T U R E P R
E S P X B R W P U O R G D A
S R E K C A P K C A B A O G
O A R I L A D V E N T U R E
N V I K T O C R L N R G M D
E B E D S I U E O I I N I I
T N N R Y P V N S F P A T W
W A C C N A L I G T F L O D
O E E P R I V A T E U A R L
R L E T O H G O C C F D Y R
K C I S E M O H M E A L Y O
S R E G A N E E T I S I V W

Hostels

F R F Y P V W I W D M U Z B
L E E N S J W E B E V K C K
U C T O V C P P K U F H E A
Z R H O W S A G L S W W E Z
H O H W C M E N I F E B K O
T O Y T A T T O O G R F F O
D H H J W P U N H E G L O E
T S I D H X D S W W L B O E
K H T H G U O R H T M B G U
L S C R E W G U M A H S F R
F S F L E W M H B W M G G T
N G L U E W O W E W N P O S
M A L E E A D I E U L B O N
M C W R W O V L K H N A H O
V U D E Y O B R V J C Y A C
C E N S I K D T U T Z H W V

Rhymes with Shoe

L A N O I T O M E M L A C Q
D P W C E J E A M O L P I D
O P O U P M P A T I E N T C
O R R L I E V I T I S N E S
H O G T R U S T W O R T H Y
N P C U L T I V A T E D T L
A R H R V L H T N C S R A R
M I S A E O L E A D P E P E
A A E L N U S R E R O D M D
N T N E D N E P E D N I E L
N E S A O F O L R O S S C E
E T I C U L I D G L I N O S
R I B L E A R N E D B O M S
S S L V B R E A D Y L C P O
L G E L B A D N E P E D L N
Y D E C A D E S T E A D Y S

Mature

R E Q B P U O S E E M O H S
U R O R D R O W S I N E S S
N O S T U F F Y R P A I N E
N S L Q D E U G I T A F I N
Y U L J E U S S I T E F F K
N O I T S E G N O C E A F A
O I H N Y U G Y M V B E L E
S G C H F P M G E L H P E W
E A C R A E E R D B G S Z Y
T T S D E R C H I Q U N E D
I N S Y M C I T C R O I E M
M O E S M S O W I A C R N O
I C N M L P Y V N O I I S M
W O L B L E T R E T U P A N
P I L L S I E O U R T S E R
E C I U J A A P M P Y A O T

Catch a Cold

R E F F O I L O F T R O P U
P E L B A R I S E D E M O L
R D G B O S S C T E F R L E
E U H A N D S H A K E I I T
P C S E E C E H R R R F T T
A A I M T O N I O T E D E E
R T N P A M I S P O N E X R
E I C L D P S T R U C P R E
C O E O I A U O O R E D Q C
R N R Y D N B R C R S I L O
U Y I E N Y G Y I W N Y L M
I R T R A K E E R G E D A M
T A Y T C O N F I D E N C E
E L E A E C U D O R T N I N
R A B R E T N U H D A E H D
M S C R E E N I N G O A L S

Interviewing

J E O F E I D N A M R O N L
S G N I L I A S U R C A A Y
S N S P E E D S E E E U R K
E U N N P E E S D C N U T L
R O O O R U T T O C X R S I
P L R I M A R C H U A F M V
X U T S U A I D L N L O O E
E E H R W T E D S A O C O R
R I A A N T N A G R N E R P
P N T A N A T S G D G A E O
T E L U L L H N E L B N T O
R T A G A I I C E I E L A L
A H N N P N K V I N A I T E
V E T S I S A D V E C N S T
B I I D B R I T I S H E O O
C U C Z T S H I S T O R Y H

On the *Queen Mary*

G R I V G N I N N U T S S E
L I P S P L E N D O R T K C
O A L I D E A L J V N R I A
W H A N D S O M E A M I N F
O D R A W T U O I G R K O G
N Q U I Q L E D O M A I I O
D T T N A S A E L P H N T R
E I A S E R I M D A C G C G
R R N P C Y R T S I T R A E
F E T I S I U Q X E F A R O
U M P R E T T Y P L A C T U
L U F I T U A E B I S E T S
I E C N A H N E M M H F A L
R D A G B R E P U S I U L I
A P P E A L S E H T O L C A
W I N S O M E Y E S N C F N

Allure

B R A I N I G H T T I M E B
A M E D I C I N E R I H I I
B Y N R E T T A P W I T N R
Y S T E K N A L B B S Y S C
A P G A L R O B E L S H O K
E E R M I Y G R E N E R M L
N L O I G M N E E D R N N A
P O W N H A P C R E T A I W
A C T G T S E P E E T I A P
P R H I T S I G V P A D M E
E A O A S L K C O M M A H E
E N G A L A R M C L O C K L
L E R O N I G H T M A R E S
S Y W S R U O H T H G I E M
T S E R Y T R O F M O C O E
R E B M U L S L A M M A M R

Get Some Sleep

R G R A M M Y S R A C S O C
P H Y S I C A L P A R T Y O
Y A D H T R I B R G Y L R N
J L P U C Y E L N A T S A V
Y L L A U N N A D V E S S E
N O I T C E P S N I E Y R N
S W T E U O N A B B I M E T
U E V A C A T I O N M M V I
M E M O R I A L D A Y E I O
M N F E E S G A U T U M N N
E Z T H A N K S G I V I N G
R E S O E C H R I S T M A S
V Y A D R O B A L T A X E S
J U L Y F O U R T H M A X E
T O N Y A W A R D S U N O B
G I H D E N T I S T N A L P

Yearly

F D L I H C A Y S K I L L F
U T P A Y H W O R K S H O P
N E H M U C R K O O B R R I
K S I U R S O A N I M A L S
N T L L E N I L V A C E S C
O U O T S M V V L T L S M H
W D S I E O A R I E A T S O
L Y O M A T H C W L G C D O
E X P E R I E N C E S E E L
D M H D C V B G S M C J R D
G A Y I H A T R A I N B I R
E X M A S T E R S U K U U A
R E P E T I T I O N G S Q W
C U R V E O O S C I E N C E
O L E A R N I N G M D T A R
R U L E S U L U M I T S E L

Learned

J A S U B S T R A T E S Z B
C B A R N A C L E S N U H A
C O P E P O D D U A P P D L
L I M P E T A L E M A O F A
Y A R P S N A C S D P I K N
K E L P E M A A N I S R S U
C L I M A T E C H A N G E S
O C O H S L I P E T A I T L
R N T U F X M T D O I T E I
E H R D M A L C I M L B A T
C C N P R E D A T O R S H T
L A S U P E L O H C N O C O
S E A U R C H I N U Q Q Y R
G U L L S A L I N I T Y L I
R E T A W I M M E R S I O N
W A V E S N O T K N A L P A

Between the Tides

R E T U R N H O B B Y F W H
M Y M Y I R A A R P V P A T
S F I E I N S U R A N C E O
K A N N U I T I E S Q R Z R
E M F O Q P O R T F O L I O
M I L M A R K E T Y R A S S
P L A R I S S S A E O O N I
T Y T T K S L L X G I G W V
Y Y I C A L T P E A N T O D
N Z O Y I I E U S G E B D A
E T N B E N E F I T S O M B
S S P S S L E V A R T N U D
T U P E N S I O N O E D E E
A R S G N I V A S M G S M B
T T A E I N C O M E G O M T
E H V C H E A L T H H S E S

Retirement Plan

Y P H O T O S U O R O M U H
A C O D T S U O I G I L E R
D D M Z R A S T A M P S A E
I I E N A N E E I T U N V I
L S M Z D G J W R A N O I N
O P A V I E Y N L U L T P D
H L D G T L B C A M T O A E
C A E E I S A L O R S C N E
O Y H O O T B N E T T W I R
N L P E N V E L O P E S M P
T E E A A Y A F T S I L A O
A T S D L T F S T O R Y L S
C T O O I I S W I S H E S T
T E J V C O L O R F U L P A
G R E E T I N G S T F I G G
F S D N E I R F A M I L Y E

Christmas Card

E R C S T E P F B O N E S Q
H T H X W D L E G R A L W F
U T I S U O T I N T E E T H
N H H B W O H E S I C E A Q
T A U Y V F F S R A N F D H
I I A M J G N U G R E A K S
N R H U U O F T N O I L C O
G K U T U D A U I L D E F C
X R A T S O D N N L E M R J
R A E P C L B W I A B B M S
B P I Y U F I A A M O R E E
X A L P H P P A R S A L A L
G W L M E O P A T K G L N D
P S O U T B U I C A I U S O
S N C J L E N N E K R N S O
L A M M A M V B D S S L G P

Delightful Dogs

F T N M Y H U R T T S L V S
I H E V O A V H U T S J M Y
L O V M S J R N Z O D E F F
L U A I L K S P X R H O S T
U S H Q H E A D U J A W M P
D E L D D U H O L I D A Y L
N F H K H H H E I G H T N L
A L P T W E O G D A N O O F
H E K P L A N H R D Y H M T
M Z Z L C A H N S N A A O E
E A A E H N E G O R D Y H W
S H K H H S A H D Y A K O R
O I N I S A V S U K B H L O
H V D L O W Y N P N E B L N
I O D L A R B J Z A T B O O
G L G A D L A X P J M Z W H

***H* Words**

G S E Z A M S O A D J U S T
F L A T E M P U E K A M N B
N V A N I T Y E V A C N O C
O O R S I R E A R V I E W L
I D I C S L A N G I S K W O
T E A T Y I Y A W L L A H S
R L T J A N O I S U L L I E
O E V I T C E P S R E P T T
T V L B N O I T A R O C E D
S E R A U Q S F R A M E D E
I B E L V A N T I Q U E G R
D L L B R O K E N N J I N E
C A D E G D U M S R G M O V
W E M A S D I S C O B A L L
L A V E H C O N V E X G M I
C O M P A C T C E L F E R S

Mirror Mirror

F B S N I K P A N K C Y S I
Y R A R B I L F E R U T A N
L O C C B I R D S S G U H G
I C E O E Z I R P X O A B N
M H M U N L A U G H T E R I
A U E P S D N E I R F B E K
F R I O N O I S S I M D A N
P E B N H S A M P L E A T I
A S E K A T S P E E W S H H
R T E X P E R I E N C E I T
K R R M P E O P L E T S N I
S E F G I V E A W A Y S G R
M C C O N T E S T S J I I I
I N A D E L I V E R Y K F P
L O V E S H I P P I N G T S
E C A P S U N S H I N E S B

It Can Be Free

We Have EVERYTHING® on Anything!

With more than 19 million copies sold, the Everything® series has become one of America's favorite resources for solving problems, learning new skills, and organizing lives. Our brand is not only recognizable—it's also welcomed.

The series is a hand-in-hand partner for people who are ready to tackle new subjects—like you!

For more information on the Everything® series, please visit *www.adamsmedia.com*.

The Everything® list spans a wide range of subjects, with more than 500 titles covering 25 different categories:

Business
Careers
Children's Storybooks
Computers
Cooking
Crafts and Hobbies
Education/Schools
Games and Puzzles
Health
History
Home Improvement
Everything Kids
Languages
Music
New Age
Parenting
Personal Finance
Pets
Reference
Religion
Self-Help
Sports & Fitness
Travel
Wedding
Writing